Gerhard Dollinger
In der schönen Wüste

Gerhard Dollinger

In der
schönen Wüste

Betulius Verlag
Stuttgart

Die hier erzählten Geschichten sind selbst erlebt;
Namen sind teilweise verändert.

Die Deutsche Bibliothek – CIP-Einheitsaufnahme

Dollinger, Gerhard:
In der schönen Wüste/Gerhard Dollinger. – Stuttgart:
Betulius, 1993
   ISBN 3-89511-003-5

1 2 3 4   98 96 94 93
Umschlaggestaltung unter Verwendung eines Bildes von
Trude v. Güldenstubbe (Privatbesitz): Atelier Reichert, Stuttgart.
Reproduktion: Kilta Kuchenmüller, Grafik Design, Stuttgart.
Gesamtherstellung: Clausen & Bosse, Leck.

© Betulius Verlag GmbH, Stuttgart 1993
ISBN 3-89511-003-5

Inhalt

Erst die Pflicht, dann das Vergnügen

Ich war etwa acht oder neun Jahre alt, als nach dem Ersten Weltkrieg die Inflation über das geschlagene und besiegte Deutschland hereinbrach. Die Mark bekam die galoppierende Schwindsucht. Unglücklicherweise hatte mein Vater, dem immer der Sinn nach Selbständigkeit gestanden hatte, kurz zuvor eine Firma gegründet, die sich »Technisches Büro für Industriebedarf« nannte. Das Geschäft befand sich in einem Zimmer unserer ziemlich großen Wohnung, und wir handelten, so viel ich mich erinnern kann, mit Treibriemen, Ölen, Fetten, Schrauben, Werkzeug und dergleichen, die wir Kinder zu den Bestellerfirmen austragen mußten. Da jede Firma das Bezahlen so weit wie möglich hinausschob, um bei einem Geldsturz ihrer Schulden ledig zu sein, hing alles davon ab, die Ware bar bezahlt zu bekommen. Die Austräger waren meistens meine Schwester Herta und ich, und jeder dachte, uns Kinder mit ein paar Phrasen abschieben zu können: »Sagt eurem Vater, die Rechnung wird per Überweisung aufs Konto bezahlt« etc. Nachdem wir auf diese Weise ein paarmal um unser Geld geprellt worden waren, meinte meine Mutter: »So kann's nicht weitergehen! Sonst haben wir bald nichts mehr zu essen, viel weniger noch Geld für Miete, Heizung, Kleidung, Schulgeld. Ihr geht also nicht eher fort, als bis man euch die Rechnung bar bezahlt hat, verstanden?« Natürlich fanden die übrigen Familienmitglieder, wir zwei Kleinen seien dieser schwierigen Aufgabe nicht gewachsen. So wurde geknobelt, wer von den drei größeren Geschwistern gehen sollte. Erich, ein Korpsstudent, kam seiner Meinung nach nicht in Frage, da es sich nicht mit seinem »Comment« vertrug, als Ausläufer zu fungieren. Ruth war bereits berufs-

tätig, und von ihrem Gehalt als Bankangestellte – heute
Bankkauffrau – lebten wir hauptsächlich, da sie, wie damals
üblich, als unverheiratetes, noch im Hause der Eltern leben-
des Kind ihren Lohn ablieferte und von den Eltern ein Ta-
schengeld bekam. Sie schied also auch aus. Irma studierte am
Lehrerinnenseminar in Karlsruhe, war dort im Internat und
kam nur an den Wochenenden nach Hause. Schließlich
meinte Herta, drei Jahre älter als ich und die Couragierteste:
»Ach was, Mutter, schick du nur uns zwei, ich werd' schon
Geld heimbringen, du wirst sehen!« Wir trugen also unsere
Ware zu der ersten Firma und sagten gleich, daß wir sie nur
gegen Barzahlung abliefern dürften. »Der Chef ist jetzt nicht
da«, sagte die Empfangsdame.
»Dann warten wir, bis er kommt, wir haben Zeit.«
»So gebt's nur her, wir überweisen es spätestens morgen.«
»Nein, wir dürfen nicht ohne Geld heimkommen.«
Schließlich kam der Chef aus seinem Büro und wollte wissen,
was hier vorgehe.
»Die zwei Kinder wollen ihre Ware nur gegen Bargeld ablie-
fern.«
»Ach Kinder, euer Vater kennt mich so gut. Ihr könnt mir
glauben, daß ich es morgen per Bank überweise.«
»Nein, wir geben nichts her ohne Bargeld.«
Jetzt trat mir Herta auf den Fuß, und das war das verabredete
Zeichen, in ein fürchterliches Gebrüll auszubrechen und un-
ter Schluchzen zu stammeln: »Unser – Vater – hat – gesagt –
daß er uns – sämtliche Knochen im Leib kaputtschlägt, wenn
wir – ohne Geld heimkommen, huu, huu, huu!«
Nachdem durch unser Gebrüll die halbe Firma zusammenge-
laufen war, wurde es dem Chef doch zu peinlich. Er rückte
Geld heraus, um uns Brüller nur loszuwerden.
Als wir gemerkt hatten, daß dieser Trick prima funktionierte,
wandten wir ihn immer wieder an, und so kam zur größten
Überraschung meiner Eltern immer wieder Bargeld ins Haus.
Der größte Witz bei der Sache war, daß mein Vater der gut-
mütigste, sanfteste Vater der Welt war, der uns noch nie auch

nur eine Ohrfeige verpaßt hatte – im Gegensatz zu unserer Mutter.

Nun, der Krug geht so lange zum Brunnen, bis er bricht, heißt es. So erfuhr denn mein Vater eines Tages von einem guten Freund, mit welchem raffinierten Trick seine zwei jüngsten Sprößlinge arbeiteten. Meine Eltern machten uns schwere Vorwürfe, wie wir dazu kämen, so frech zu lügen und sie so zu blamieren. Aber Herta meinte ungerührt, sie hätten doch gesagt, wir dürften nicht ohne Bargeld heimkommen, und Bargeld hätten wir gebracht, also…

Ruth erfuhr auf der Bank immer als erste, wenn wieder ein Kurssturz bevorstand. Eines Tages kam sie von der Arbeit nach Hause, gab Mutter den ganzen Monatslohn und sagte, sie solle schnell für das ganze Geld Lebensmittel kaufen, es stehe ein neuer Kurssturz bevor.

Ich kriegte eine lange Liste und das Geld in die Hand gedrückt, wurde zum Einkaufen ins Lebensmittelgeschäft geschickt, wo ich, nachdem alles bezahlt war, die Sachen stehenlassen sollte, bis die anderen Familienmitglieder sie dann später abholen würden.

»Aber lauf schnell, hörst du?« rief mir meine Mutter noch nach. Unterwegs traf ich einen Klassenkameraden, und wir zwei beschlossen, in unserem Garten, der auf dem Wege lag, zu spielen. Der Einkaufszettel und der Monatslohn in meiner Tasche waren vergessen. Als ich so lange nicht nach Hause kam, wurde meine Mutter unruhig und schickte alle meine Geschwister aus, um mich zu suchen. Sie fanden mich spielend im Garten, und ihre erste Frage war: »Hast du schon eingekauft?«

»Au nein, ich hab's vergessen!«

»Mensch, gib das Geld her!«

Im Dauerlauf rannten wir alle fünf in den Laden, nur um dort zu erfahren, daß wir für den ganzen Monatslohn meiner Schwester gerade noch einen Weck, ein einziges Brötchen also, bekamen, da inzwischen der Kurssturz erfolgt war. Entsetzt schleppten sie mich heim. Sie wußten so gut wie ich, welches Strafgericht über mich hereinbrechen würde. Zuerst wurde Mutter weiß vor Entsetzen, dann rot vor Zorn. Sie nahm einen Waschkochlöffel her, mit dem man die Wäsche im Kessel umdrehte, und wie es bei Max und Moritz heißt: »Mit dem Löffel, groß und schwer, fiel sie über Spitzen her«, so machte sie es auch. Bei jedem Schlag sagte, besser schrie sie: »Erst die Pflicht, dann das Vergnügen – das sollst du dir merken, so lange du lebst, hörst du? Erst die Pflicht, dann das Vergnügen!« Meine drei Schwestern fielen theatralisch auf die Knie, hoben die Hände hoch und schrien im Takt: »Gnade vor Recht. Gnade vor Recht, Gnade, Gnade!«

Meine Mutter blieb aber ungerührt von ihrem Gewinsel und hörte erst auf mit Dreschen, als sie selber nicht mehr konnte. Ich, mir meiner Schuld nur zu gut bewußt, tat nichts als wimmern. Prügel waren in unserer Generation etwas Selbstverständliches, und wir nahmen sie als verdient hin. Ich bin an den Prügeln nicht gestorben, aber es ist mir bis auf den heutigen Tag nicht möglich, fernzusehen oder ein Buch zu lesen, so lange eine Arbeit unerledigt daliegt. Daß meine eigenen Kinder, die ich nie geprügelt habe, es genauso halten, ist mir ein Beweis, daß das »Vorleben« eine genauso gute Erziehungsmethode ist.

Schon oft bin ich gefragt worden, wie es möglich war, ein so großes Arbeitspensum in meinem Leben zu bewältigen. Das Geheimnis ist, daß ich nie etwas auf die lange Bank schiebe, sondern alles, was getan werden muß, gleich erledige.

Mit meiner Mutter habe ich aber trotzdem bis an ihr Lebensende ein gutes, ja inniges Verhältnis gehabt.

Aus meiner Assistentenzeit

Endlich, endlich lebte ich in dem Milieu, in dem zu leben ich mir immer so sehnlich gewünscht hatte. Endlich war meine Tätigkeit so, wie ich sie mir schon seit Beginn meines Studiums und all die Jahre danach vorgestellt hatte.

Das Schicksal hatte mir viele Steine in den Weg geworfen, die es zu übersteigen gegolten hatte, aber nun schien es so, als ob es die Absicht habe, mich für eine Weile in Ruhe zu lassen. So ging ich denn meinen Weg als einer, der ganz erfüllt war von der Freude, sein Ziel endlich erreicht zu haben oder doch zumindest auf geradem Wege daraufhin zu sein. Dies ist nach meiner Meinung das Beste und Schönste, was ein Mensch sich wünschen kann, mehr wert als Geld und Gut: aufgehen in seiner Arbeit, restlos erfüllt und befriedigt davon. Der Anfang war auch hier nicht ganz leicht, wie das wohl immer so ist im Leben. Es hatte vor meinem Kommen einige Intrigen gegeben, einen Krach, eine Auseinandersetzung, die damit geendet hatte, daß der Chirurg, seit fünfundzwanzig Jahren am Haus tätig, fortgegangen war und alle seine Patienten einfach meiner Obhut überlassen hatte. Er hatte gemeint, der Krankenhausleitung seinen Willen aufzwingen und einen Assistenten behalten zu können, der dem Haus aus irgendwelchen Gründen nicht mehr genehm war. Seine Drohung, zu gehen, falls man seinen Wünschen nicht entspräche, war nicht ernst gemeint gewesen, aber nun konnte er, ohne sein Gesicht zu verlieren, nicht mehr zurück. Das ganze Krankenhaus war in zwei Lager gespalten: pro Chefchirurg, pro Krankenhausleitung, und ich armes Würstchen stand als Prellbock dazwischen und wurde von der Pro-Chef-Partei boykottiert, wo es nur ging. Von der menschlichen Seite her war das für mich ein sehr unangenehmer Anfang, aber von der beruflichen Seite gab es mir eine um so größere Freiheit, denn bis ein neuer Chef gefunden wäre, hatte ich eine schier unverantwortlich große Vollmacht. Schlecht und recht wurstelte ich mich durch und brachte unter Blutschwitzen die ersten Wochen hinter mich. Zum Glück passierte den Patienten nichts, und da ich zu allen Schwestern, auch zu denen, die in mir die Ursache für den Verlust ihres geliebten Chefs und seines früheren Assistenten sahen, immer gleichmäßig freundlich war, hatte ich diese auch bald für mich gewonnen.

Es war ein merkwürdiges Krankenhaus. Vorher hatte ich gar

nicht gewußt, daß es so etwas gibt. Ein Krankenhaus mit freier Arztwahl, das heißt, daß hier jeder Arzt seine eigenen Patienten hineinlegen konnte, sofern er von der Verwaltung ein Bett bekam. Aus diesem Grunde waren hier ständig fünfundzwanzig oder mehr Ärzte tätig.

Vormittags von sieben bis zwölf Uhr wurde in zwei Operationssälen laufend operiert von Ärzten aller möglichen Fachrichtungen, außer Augen. Nächst der Chirurgie stellten Gynäkologen, Orthopäden, Urologen und Hals-Nasen-Ohrenärzte das Hauptkontingent, zwei Internisten und ein Röntgenologe vervollständigten die Besatzung. Die Patienten aller Ärzte lagen im ganzen Haus wahllos durcheinander, so wie sie gerade ein freies Bett bekommen hatten, es gab also keine Fachstationen, wie an anderen Häusern üblich. Vormittags waren die »Belegärzte«, wie man sie nannte, am Krankenhaus und operierten, machten ihre Krankenvisiten, nachmittags waren sie draußen in der Stadt in ihren Praxen und wollten ja nicht von ihrer Sprechstunde weggeholt werden. Ich war der »Hausassistent«, was etwa einem Oberarzt entspricht, nur ohne dessen Besoldung, der einzige, welcher fest vom Haus angestellt war. Unterstützt wurde ich von den »Volontärassistenten«, die nichts bekamen – so wie ich früher auch – und von dem übriggebliebenen Patientenessen kümmerlich ihr Leben fristeten, wie es in der Nachkriegszeit gang und gäbe war.

Vormittags hatte ich bei allen Operationen, sofern sie nicht zeitlich zusammenfielen, als erster Assistent zu fungieren. Nachmittags und nachts versorgte ich alle Notfälle, Unfälle und auch die Geburten auf der Entbindungsabteilung. Da bei meinem Beginn kein Vollchirurg am Haus tätig war, wurden nur Notfälle wie akute Blinddärme, eingeklemmte Brüche, Darmverschlüsse, durchbrochene Magengeschwüre und Verletzungen aller Art aufgenommen, eben alles, wozu ich fähig und qualifiziert war. Kam je einmal ein Fall, an den ich mich nicht so recht herantraute, und rief ich den betreffenden Arzt in seiner Praxis an, dann hieß es gewöhnlich: »Ach, machen Sie es nur, Sie können das!« Und unsere alte, erfahrene Operationsschwester meinte: »Wenn ich dabei bin, kann gar nichts passieren. Sie können operieren, und ich weiß alles und kann Ihnen jedes Detail einer Operation erklären, falls Sie etwas nicht wissen sollten.«

So war ich pausenlos, Tag und Nacht, auf Achse und im Dienst, mit einer Ausnahme: Mittwochnachmittag und -nacht hatte ich frei und wurde von einem der Volontäre vertreten, die dann aber, wenn sie nicht weiter wußten, mich zu Hilfe riefen. Ich weiß nicht, ob ich in meinem ganzen Leben vorher oder nachher je wieder so viel gearbeitet habe wie damals. Aber das hatte den Vorteil, daß ich in kurzer Zeit unheimlich viel lernen konnte. Und das noch auf fast allen Fachgebieten. Das kam mir später in meiner missionsärztlichen Tätigkeit in dem weltabgeschiedenen Buschkrankenhaus sehr zustatten. Ich wüßte nicht, wie ich da hätte bestehen wollen, wenn ich nur eine einseitige Fachausbildung gehabt hätte.

Es war die Zeit unmittelbar nach dem Zweiten Weltkrieg, es herrschte eine latente Hungersnot in Deutschland, und so war unsere Verpflegung bei all der vielen Arbeit äußerst knapp und spärlich. Kein Wunder, daß ich dauernd hundemüde war und unter einem chronischen Schlafdefizit litt. Ich schlief daher an meinem einzigen freien Nachmittag von Mittwoch 12 Uhr bis Donnerstag früh durch, falls mich nicht einer der vertretenden Volontäre zu Hilfe holte.

Meine Nachmittagsarbeit bestand neben der Versorgung der Notfälle und Geburten hauptsächlich in der Visite. Das Haus hatte 150 Betten, und bis ich alle Patienten gesehen und mit ihnen gesprochen und sie getröstet hatte, war es Abend. Der jeweilige Stationsvolontär begleitete mich und natürlich die Stationsschwester, die ebenso wie ich ihr Zimmer mitten zwischen ihren Patientenzimmern hatte und somit ebenfalls Tag und Nacht im Dienst war. So etwas wäre heute ganz undenkbar. Die Schwestern arbeiteten damals noch in zwei Schichten: Die Tagschicht ging von sieben bis neunzehn Uhr mit zwei Stunden Mittagspause, während der eine einzige Schwester für das ganze Haus den Dienst versah. Die Nachtschicht ging von neunzehn bis sieben Uhr, und es waren meistens Dauernachtwächter, die sich freiwillig zu diesem Dienst gemeldet hatten, weil sie irgendwie nicht gut mit den anderen auskamen und es daher vorzogen, allein und sich selber überlassen zu arbeiten. Da sie jahrelang kaum an die frische Luft kamen, sahen sie wie Grottenolme aus. Ihren Dienst begannen sie damit, mit mir erst einmal einen ausgiebigen Schwatz zu halten, denn da sie tags kaum unter Menschen kamen und nachts die Patienten schliefen, erlebten sie kaum etwas und waren schrecklich neugierig. Zuerst besprachen wir die Neuzugänge, die Frischoperierten und Schwerkranken, welche besondere Beachtung nötig hatten. Dann wurde das Personal durchgehechelt und schließlich die allgemeine Lage im Volk und in der Politik durchgenommen. Kein Mensch könnte sich heute noch vorstellen, daß eine einzige Schwester des Nachts 150 Patienten, auf vier Stockwerke verteilt, betreut. Und doch hatte jede dieser Dauernachtwächterinnen noch ihre Liebhaberei, der sie leidenschaftlich frönte. Eine von ihnen, Schwester Caroline, war eine begeisterte Kunststrickerin. Garn gab es damals natürlich keines zu kaufen, so wie es einfach nichts gab, und keiner konnte ihr eine größere Freude machen, als wenn er ihr einen Knäuel Garn gab und sie bat, ihm eine Tischdecke zu stricken, ganz umsonst natürlich. Gingen während unseres abendlichen Begrüßungsschwatzes die Nadeln klipperklapper, und klingelte ein Patient, dann sagte sie tadelnd: »Tz, tz, tz, schon wieder schellt einer! 's ist schlimm mit den Patienten, man kann doch an keinem Geschäft bleiben! Na, dem werd' ich's mal gehörig sagen, daß er nachts zu schlafen hat und nicht die Leute zu schikanieren!«

Das Krankenhaus war im Krieg nicht von Bomben zerstört oder beschädigt worden. Nach damaligen Begriffen war es eine fabelhaft gepflegte, elegante Klinik, die mit allen Raffinessen eines modernen Hospitals ausgestattet war. Lange, spiegelblank gebohnerte Korridore, glänzende Schleiflacktüren, große breite Fenster, helle Krankensäle, freundliche Ein- oder Zweibettzimmer. Hinten hinaus ein schöner Garten mit Bänken und einem Springbrunnen. Auf der Gartenfront des Hauses breite Liegebalkone, die den ganzen Tag Sonne hatten.

Und erst die Operationssäle! Sie lagen im obersten Stockwerk, waren von oben bis unten schneeweiß gekachelt, Waschbecken mit glänzend verchromten Hahnen. Eine ganze Front wurde von Fenstern eingenommen, so daß alles von einer blendenden Helle überstrahlt war. Blitzende Instrumentenschränke, modernste Operationstische, taghelle Lampen – kurz, alles so, wie man annehmen sollte, daß es für das Krankenhaus eines zivilisierten Volkes selbstverständlich sei. Wenn ich in meiner Erinnerung trotzdem alles so erstaunlich und erwähnenswert finde, so ist das ein Zeichen dafür, wie sehr Deutschland damals am Boden lag. Wir arbeiteten damals größtenteils in Krankenhäusern, bei denen um die Patienten herum die Bombenschäden notdürftig zugemauert waren, operierten in Bunkern von drei mal vier Metern Größe und mit Hand- oder Taschenlampen. Den Patienten regnete es oft in die Betten, die zerbrochenen Fensterscheiben waren durch Bretter ersetzt, und eine Treppe hinaufzusteigen, bedeutete manchmal eine Lebensgefahr. Darum fiel mir hier an meiner neuen Arbeitsstätte alles doppelt und dreifach angenehm ins Auge. Ich kam mir vor wie im Märchen: »Es war einmal...«

Mein erster eindrucksvoller Fall war eine Patientin mit Brustkrebs. Am Vormittag hatten wir ihr die linke Brust – Mamma – amputiert. Wir hatten mittlerweile, statt des einen gegangenen, drei Chirurgen bekommen. Am Nachmittag war ich wie üblich allein im Haus, alle Ärzte waren schon zum Wochenende weggefahren. In mein Mittagsschläfchen platzt die alte Stationsschwester herein und keucht: »Herr Doktor, der ›Mamma‹ geht es ganz schlecht, sie blutet unheimlich, der Puls ist schon gar nicht mehr zu fühlen, kommen Sie doch ganz schnell!« Wir gehen sofort zu ihr und finden sie in einem desolaten Zustand: Ohne Bewußtsein, völlig ausgeblutet, ohne Puls, der dicke Verband ganz durchgeblutet. Hier ging es um Minuten, sonst würde sie tot sein. Die Schwestern in den Operationssaal beordert, steril gewaschen, Patientin auf den Tisch, Verband ab, Wunde aufgemacht. Es bildet sich ein See von Blut, überall sickert es, ohne daß man sehen kann, woher, außer an einer Stelle. Dieses Gefäß unterbinde ich, sonst mache ich zehn oder zwölf Umstechungen, um die kleineren Gefäße zu verschließen, und unter heißen Kochsalz-kompressen kommt endlich die Blutung zum Stehen. Ein Drain in die Achselhöhle, erneuter Wundverschluß. Intravenöse Infusionen, wie heute selbstverständlich, gab es damals noch nicht. Also Blutübertragung. Da ich Gruppe o habe, also Allesspender bin, lege ich mich auf eine Krankentrage neben die Patientin auf dem Tisch. Die Operationsschwester macht eine Direktübertragung von mir zur Patientin: Mit einer Spritze werden zehn Milliliter Blut entnommen, ein Hahn umgedreht und der Patientin eingespritzt und so fort und fort, bis es ein halber Liter ist, wobei alle Umstehenden mitzählen: Fünfzigmal aus und ein. Der Patientin geht es zusehends besser, und mich durchströmt ein wohliges Gefühl der Befriedigung, als mein Blutbrünnlein munter fließt und ich auf diese Weise meiner operativen Tätigkeit eine kleine Krone aufsetzen kann, denn ohne Blut wäre sie trotz allem verloren gewesen.

Die Patientin wird ins Bett gebracht, der wartende Ehemann erfährt, was sich zugetragen hat. Er bedankt sich überschwenglich und sagt: »Das soll Ihr Schaden nicht sein, Sie kriegen von mir was geschenkt – nix, nix, Sie brauchen gar nicht abzuwehren. Sie haben meiner Frau das Leben gerettet, und wir, wir haben's, es trifft keinen Bedürftigen!« Er brachte mir später tatsächlich zwei Flaschen Wein, aber als wir sie aufmachten und »einen draufmachen« wollten, war es saurer »Äppelwoi«, bei uns daheim schlicht und einfach Most genannt! Der Operateur der Patientin, inzwischen auch eingetroffen, war mächtig erleichtert, als er sah, daß seine Patientin noch einmal davongekommen war. Er setzte sich eine Weile zu mir ins Dienstzimmer, um abzuwarten, wie es der Patientin weiter gehe. Diese Gelegenheit benützte ich, um ihn zu bearbeiten, daß er meinen vor kurzem aus der Gefangenschaft heimgekehrten Freund Heinz als Assistenten in seiner Praxis einstellen möge, was er mir in seiner Dankesschuld auch zusagte. Nach ein paar Stunden haben wir die Freude zu sehen, daß es der Patientin weit besser geht. Am nächsten Morgen hat sie es geschafft, und die Freude aller ist groß, denn ein solcher Fall spricht sich in jedem Krankenhaus schnell herum, und jeder nimmt Anteil. Am Montagmorgen kommt Heinz und erzählt mir freudestrahlend, daß er angestellt sei, ein Wunder in jener Zeit der Ärzteschwemme. Das Wunder hatte die Mammablutung und mein rasches Handeln bewirkt. Wie haben wir uns gefreut, daß Heinz der häßliche Anfang beim Eintritt ins Zivilleben, wie ich ihn hatte, erspart geblieben ist! Alles ist froh und zufrieden: Der Ehemann und die Tochter, daß sie ihre Mutti behalten haben; ich, daß ich helfen konnte, wirklich und richtig helfen; der Operateur, daß alles noch einmal gut gegangen war; Heinz, daß er eine Stelle hatte; und schließlich auch das ganze Krankenhauspersonal, daß ich ein so gutes »Debut« hatte.

An einen anderen Fall erinnere ich mich noch so gut, weil er die Tragik der damaligen Zeit widerspiegelt und mir zeigt, wie lange das alles schon zurückliegt, denn er spielte sich noch vor der Penicillin-Ära ab.

Wir nannten sie »Hannelore, die Amibraut«. Sie war ein sechzehnjähriges Ladenmädchen, das, wie viele damals, von ihren Eltern buchstäblich an einen amerikanischen Besatzungssoldaten verkuppelt worden war, welcher für die Familie Zigaretten, Kaffee, Schokolade beschaffte, für normale Sterbliche unerreichbare Dinge, die man nicht nur selber genießen konnte, sondern für die man auch alles, rein alles tauschen konnte, was man zum Leben brauchte und was es nicht gab. Hannelore hatte einen Lungenabszeß, der trotz Rippenrevolution, Sulfonamidstoßen und allen möglichen anderen Therapien nicht zurückgehen wollte. Penicillin gab es damals bei uns noch nicht, selbst in den USA war es noch der letzte Schrei. Ja, wenn wir Penicillin bekommen könnten, dann könnten wir sie vielleicht noch retten. Aber woher? Der Ami-Freund! – Das war die letzte Hoffnung, die rettende Idee. Wir fragten ihn, ob er es nicht aus Heeresbeständen beschaffen könne. Und siehe da: er konnte! Aber selbst bei den Amerikanern war das Penicillin noch eine solche Kostbarkeit, daß sie es nicht so einfach ohne weiteres in unberufene Hände weggaben. Auf dem deutschen Schwarzmarkt wurde es mit Tausenden von Mark gehandelt. Ich mußte also, nachdem der Freund mit seinem Truppenarzt gesprochen hatte, persönlich in der Ami-Kaserne erscheinen, und der Arzt gab mir genaueste Anweisungen, wie es anzuwenden sei. Immer wieder betonte er, wie kostbar es sei, und daß er sich darauf verlassen können müsse, daß es kunstgerecht angewendet würde. Das hieß damals, es mußte alle drei Stunden gespritzt werden, Tag und Nacht, und zwar vom Arzt selber, nicht etwa von einer Schwester; ja, er bestand sogar darauf, daß ich es persönlich spritze und keiner meiner Volontärassistenten. Zehntausend Einheiten alle drei Stunden, man denke nur: zehntausend! (Heute sind es jeweils Millionen.) So mußte ich denn neben meiner vielen Arbeit her alle drei Stunden, Tag und Nacht, zu Hannelore eilen, um ihr das kostbare Penicillin zu verabreichen. Acht Wochen zuvor, als sie mit einer rechtsseitigen Lungenentzündung eingewiesen worden war, war sie noch ein recht kesses Ding gewesen und hatte sofort zu kokettieren begonnen. Ihr Verlobter, der Amerikaner, bringe ihr Sekt, Schokolade, Kaffee, Zigaretten, Torten, kurz, alles, was es damals nicht gab, und sie stellte mir in Aussicht, wenn ich sie recht gut behandle, dürfe ich auch an diesen Herrlichkeiten teilhaben. Ich lehnte alles ab, weil wir »Kriegsverlierer«, eben aus der Kriegsgefangenschaft heimgekehrt, wo wir weidlich schikaniert worden waren, einen schwelenden Zorn auf jeden Ami hatten; dies um so mehr, wenn wir sahen, daß sie mit ihren kulinarischen Kostbarkeiten so viele deutsche Mädchen kaufen konnten.

Dann, als es ihr schon so schlecht ging, daß keiner mehr an ihre Rettung glaubte, tat sie mir leid, und ich nahm von ihren angebotenen Pralinen an, die ich dann nachts, wenn ich eine Entbindung hatte, mit der Hebamme und mit der Wöchnerin teilte. Hannelore hatte schon seit Wochen Temperaturen zwischen 39 und 40 Grad und war so auf den Hund gekommen, daß sie nur ein rührendes Häuflein Elend war. Sie lag im Bett wie ein Kind, das sie dem Alter nach ja eigentlich auch noch war. Ihr Ami, den ich anfangs für solch einen Stenz hielt, der sich mit Schokolade und Zigaretten ein Mädchen aushält, versöhnte mich nun auch durch seine kummervolle Miene, seine Mühe, die er sich's hatte kosten lassen, das Penicillin zu beschaffen, und durch sein fast andächtiges Vertrauen auf dieses Wundermittel und zu uns, die wir es ihr verabfolgten.

Nach einem oder zwei Tagen begannen die Temperaturen merklich zu sinken, zum erstenmal seit fünf Wochen. Wir alle hielten den Atem an, um zu erleben, was dieses neue Wundermittel bewirke oder ob sie doch sterben müsse mitten in ihrer Jugend und ihrer großen Chance, einen Amibräutigam, noch dazu einen wirklich braven und treuen, zu bekommen, und mit ihm die Gelegenheit, unser zerschundenes, zerbombtes, hoffnungsloses Vaterland mit seiner Hungersnot verlassen und mit dem Schlaraffenland Amerika vertauschen zu können.

Ihre Eltern waren Arbeiterleute und hatten fünf Töchter. Die Älteste war eine echte Hure, die zweite lebte in Promiskuität mit wechselnden Amifreunden, die dritte war Hannelore, die vierte ein mickriges, lungenkrankes, imbeziles Geschöpf von fünfzehn Jahren, und die Jüngste war zehn. Die ganze Mischpoke hockte mit dem Ami zusammen Tag und Nacht am Bett von Hannelore. Er wirkte wie ein Landarbeiter oder ein Allroundman, hatte einen treuen Hundeblick und schien immer sagen zu wollen: »Entschuldigen Sie, daß ich geboren bin, soll nicht wieder vorkommen.« Im Grunde genommen schien er uns zu schade für diese Bagage.

Hannelore war für mich persönlich ein Testfall. Ich hatte während meiner Gefangenschaft einen solchen Haß gegen alle Amerikaner in mir angestaut, daß jeder auf mich wie ein rotes Tuch wirkte und damit auch die Mädchen, die sich mit ihnen abgaben. War mein Berufsethos stärker als mein Haß? Würde ich für dieses Mädchen meine ganze Kraft und mein Können einsetzen? Wenn nicht, dann fühlte ich, daß es besser für mich wäre, meinen Beruf, den ich so liebte, an den Nagel zu hängen. Bald bemerkte ich, daß das Ethos siegte und die Oberhand über meinen Haß behielt. Das machte mich so froh, daß ich es mit Worten nicht beschreiben kann.

Das Penicillin rechtfertigte seinen Ruf, Hannelore wurde gesund und zog glückstrahlend mit ihrem Bräutigam von dannen. Was aus ihr geworden ist, ob er sie mitgenommen hat ins gelobte Land oder sie hat sitzenlassen, habe ich nie erfahren. Zwei Jahre später, als ich nach einer Gebetserhörung aus einer ausweglos scheinenden Lage errettet wurde und zum Glauben an einen lebendigen, persönlichen Gott gekommen war, sagte ich: »Lieber Gott, ich kann als Christ mit diesem Haß nicht weiterleben, er vergiftet mich und zerstört mein Leben. Schicke bitte einen Amerikaner in meinen Weg, der so beschaffen ist, daß ich in ihm alle Amerikaner fortan lieben kann und damit meinen Haß begraben.«

Kurz darauf begegnete ich ihm. Es war ein Mennonit. Er hieß mit Vornamen Cornelius, und ich beschloß, wenn ich je Söhne bekäme, so sollte der erste Cornelius heißen.

Ich habe in meinem Leben unzählige Amerikaner kennengelernt und habe unter ihnen solche gefunden, mit denen mich eine lebenslange Freundschaft verbindet. Alle Bitterkeit, aller Haß sind wie weggeblasen.

In Paraguay hatte ich mehrere tausend Operationen mit gutem Erfolg durchgeführt. Dann, nach dreizehn Jahren, hatte ich einen geburtshilflichen Fall, der tragisch endete. Zwar brauchte ich mir keinen Kunstfehler vorzuwerfen, und niemand beschuldigte mich. Aber ich war so niedergeschlagen, daß ich mir vornahm, bevor ich wieder in den Chaco oder auf irgendein anderes Missionsfeld ginge, mich noch in Frauenheilkunde zu spezialisieren, d. h. den Facharzt für Frauenkrankheiten und Geburtshilfe zu erwerben, denn die Missionskrankenhäuser sind meist chirurgisch-gynäkologisch orientiert.

Nun war für uns gerade wieder ein mehrmonatiger Deutschlandurlaub nach vier Jahren fällig. Die Arbeit am Fernheimer Krankenhaus konnte ich an andere Ärzte übergeben, und so ließ ich es offen, ob ich wieder zurückkäme oder nicht. Ich konnte ja nicht wissen, ob sich mein Vorhaben verwirklichen ließe, und wenn, ob ich einen anderen Platz in der Mission finden würde.

In Deutschland angekommen, fragte ich in Frankfurt beim Facharztausschuß an, wie lange ich noch zusätzlich zu meiner Chirurgenausbildung machen müsse, um den Frauenfacharzt zu erwerben. Den vorgeschriebenen Operationskalender hatte ich ja im Chaco schon mehrfach erfüllt, auch war ich vor meiner Ausreise schon zwei Jahre gynäkologischer Assistent gewesen. Der Facharztausschuß entschied, daß ich noch ein Jahr ordentlicher Assistent – also nicht Gastarzt ohne Bezahlung – sein müsse. Natürlich wußte ich, daß mir das nicht leicht fallen würde, nachdem ich so viele Jahre mein eigener Chef gewesen war. Aber ich war zu allem entschlossen.

Ich suchte und fand eine Stelle an einer großen Klinik. Der Professor hatte schon von mir gehört und gelesen – ich war damals auf den Titelseiten der Illustrierten, wurde im Radio und Fernsehen interviewt, und es erschienen dauernd Artikel in den Zeitungen über den Buschdoktor in Paraguay – und so hatte er für mein Anliegen großes Verständnis und versprach, mich nach Kräften zu fördern und zu unterstützen.

Nun galt es aber zunächst, auf Wohnungssuche zu gehen. Welch ein Unternehmen das war, weiß nur der zu ermessen, der einmal mit fünf kleinen Kindern eine Wohnung gesucht hat. Wo wir auch hinkamen, rümpfte man die Nase: »Fünf Kinder? Und dazu noch aus dem Urwald? Nein, danke!«

Als ich mit meinem VW-Käfer unterwegs war und nur Absagen bekam, wurde ich ganz mutlos. Da ging mir eine Melodie im Kopf herum, eine Choralmelodie, aber ich konnte und konnte mich beim besten Willen nicht auf den Text besinnen. Plötzlich war er da, der Text: »Befiehl du deine Wege und was dein Herze kränkt...« Da ich ein gutes Gedächtnis habe, sang ich alle Verse des Liedes vor mich hin. Als ich an den Vers kam: »Weg hast du allerwegen, an Mitteln fehlt dir's nicht«, da wußte ich mit Sicherheit, daß irgendwo schon eine Wohnung für uns bereit war. Ich kam nach Hause und erzählte meinen Eltern und Geschwistern, was ich auf der Wohnungssuche erlebt hatte. Mein Schwager, ein praktisch veranlagter Mann, meinte: »Wenn man dir kein Haus vermieten will, dann mußt du eben eines kaufen!«

»Und woher soll ich das Geld nehmen, wenn ich fragen darf? Ihr wißt ja selber, was ich draußen verdient habe, und meinen Viehbestand kann ich nicht so ohne weiteres veräußern, da bekäme ich nur einen Bruchteil des Wertes. Jetzt im Juli ist drüben Winter, das Vieh ist klapperdürr. Man muß warten, bis die ersten Regen kommen, bis das Gras wieder gewachsen ist und bis das Vieh sich wieder Fleisch angefressen hat. Dann muß man zuerst die ausgewachsenen Rinder verkaufen, im nächsten Jahr die herangewachsenen, jetzt zweijährigen Kälber, und so fort, Jahr für Jahr. Ich könnte mir also jetzt bei einem Notverkauf nicht einmal ein Achtel von einem Haus kaufen.«

»Zuerst suchst du dir ein Objekt, das sofort beziehbar ist«, meinte mein Schwager. »Wenn du den Preis weißt, dann rechnest du dir aus, wieviel du für ein entsprechendes Haus Miete bezahlen müßtest. Dann fragst du deine Eltern und deine Geschwister, wieviel Geld und zu welchen Zinsen sie dir leihen können. Wenn die Zinsen, die du aufbringen mußt, nicht höher sind, als die Miete gewesen wäre, dann kannst du das Haus ruhig kaufen; mit dem Abzahlen kannst du warten, bis du einmal mehr Geld verdienst oder deinen Viehbestand in Paraguay veräußert hast.«

»Wo finde ich ein solches Objekt?«

»Mann, fackle doch nicht so lang! Hier ist die heutige Tageszeitung, hier ist die Immobilienseite. Laß uns einmal sehen, ob da nicht dein Haus dabei ist.«

Er fuhr mit dem Finger die Anzeigen herunter und sagte plötzlich: »Hier ist es, dein Haus!«

Wir lasen: »Moderner Bungalow, fünf Zimmer, zehn Kilometer von der Stadt, in herrlicher Schwarzwaldlage, umständehalber sofort zu verkaufen und sofort beziehbar. Preis: DM 170000.«

Wir nahmen den Stift und rechneten, und siehe, die Rechnung meines Schwagers ging auf. Daß kurz darauf meine Erika noch eine Erbschaft machte, verbesserte die Lage natürlich erheblich, denn nun konnten wir sogar noch abzahlen, da ja viel weniger Geldzinsen anfielen.

Die Möblierung war schnell bewerkstelligt. Unsere Eltern und Geschwister gaben alles her, was sie an Hausrat entbehren konnten, und so waren wir binnen drei Tagen komplett eingerichtet. Alle wußten, daß ich ein Antiquitätenfan bin, und so bekam ich viele schöne alte Familienerbstücke, die mich noch heute erfreuen.

Technische Dinge wie Waschmaschine und Wäscheschleuder waren für unsere »Buschkinder« etwas, das sie noch nie gesehen hatten, so wie sie auch ganz ohne Spielzeug aufgewachsen waren und nur mit lebenden Wildtieren wie Antilopen, Äffchen, Riesenschildkröten, Leguanen und sogar einem Vogel Strauß, die alle zahm in unserem Haus und Garten herumsprangen, gespielt hatten.

Meine Frau hatte den ersten Waschtag, tat die Wäsche aus der Maschine in die Schleuder, und die Kinder sahen neugierig zu. Erika öffnete den Deckel der Schleuder, aber die automatische Arretierung funktionierte nicht. Unser achtjähriger Kai steckt plötzlich den Arm in die Schleuder, um sie anzuhalten. Ein Schrei! Das Blut läuft aus dem Ärmel, die Tränen schießen ihm aus den Augen. Der ganze rechte Arm war dicht oberhalb des Ellbogens vollständig zerschmettert.

Wir rasen ins Krankenhaus in die Stadt, wo mir der Chirurg, ein Schulkamerad von mir, die Eröffnung macht: »Wir müssen amputieren!«

Den rechten Arm, ich konnte es nicht fassen!

»Ach du«, sage ich, »laß uns doch probieren, ob wir ihn nicht zusammenflicken können! Bedenke doch, wie entscheidend es für sein weiteres Schicksal ist, ob er mit oder ohne seinen rechten Arm leben muß!«

»Mann, du bist doch selber Chirurg, du mußt doch einsehen, daß hier nichts zu machen ist. Es ist ja alles ein einziger Salat: die Knochen, die Gelenkkapsel, die Muskeln, die Sehnen, die Blutgefäße. Der ganze Arm hängt ja nur noch an einem kleinen Stückchen Fleisch!« Die moderne Mikro-Gefäßchirurgie kannte man damals noch nicht.

»Trotzdem, amputieren können wir später immer noch, wenn wir sehen, daß der Arm abstirbt. Bitte, laß es uns versuchen!«

So operierten er und ich mehr als vier Stunden an dem Arm, wobei mein Schulkamerad immer wieder den Kopf schüttelte und meinte: »Das gibt nichts, das geht nicht, der Arm ist nicht zu retten. Es ist gegen alle medizinische Wahrscheinlichkeit. Selbst wenn wir das Puzzle aus Knochensplittern zusammensetzen können, selbst wenn wir die passenden Sehnen zu den Muskeln finden, selbst wenn wir die Gelenkkapsel aus den zerfetzten Fasern zusammenflicken können, da bleiben immer noch die Blutgefäße und die Nerven. Ohne Durchblutung stirbt der Arm ab, ohne Nervenversorgung bleibt er gelähmt.«

Aber nun hatten wir einmal angefangen, und so gaben wir nicht auf, bis die Operation fertig war und Kai in seinem Bett lag, den Arm in Gips und an einem »Galgen« aufgehängt.

In den folgenden Tagen saß ich an seinem Bett – meine neue Stelle auf der Gynäkologie hatte ich noch nicht angetreten –, und wenn er mich fragte: »Vater, was kann man denn mit einem Arm noch werden?«, dann mußte ich meine Tränen unterdrücken und mir alle möglichen Berufe ausdenken, um ihm Mut zu machen, der Zukunft ins Auge zu sehen. Wieder und wieder befühlte ich die Finger, ob sie warm seien, versuchte durch leichte Stiche, ob sie Gefühl hätten, sah hin, ob sie blau würden.

Schließlich stand fest, daß der Arm erhalten bleiben würde. Als der Gips abgenommen wurde, war das Gelenk natürlich steif. Die Finger, die vom Ellennerv versorgt wurden, waren gelähmt und gefühllos. Aber allein, daß der Arm gerettet war, erfüllte uns alle mit unbeschreiblicher Freude und Dankbarkeit. Mein Freund, der dieses Meisterstück vollbracht hatte, meinte: »Ohne deinen zähen Kampf um den Arm hätte ich es wohl gar nicht erst probiert, es schien alles so unmöglich und hoffnungslos.« Ich sagte zu Kai: »Du kannst deinen Arm behalten!«, und spontan kam die Antwort: »Ist das ein schöner Beruf, Arzt zu sein! Ich möchte auch Arzt werden!«

Es folgte noch ein halbes Jahr intensivster Krankengymnastik und Elektrotherapie, dann war der Arm so gut wie der gesunde. Seinen Wunsch, Arzt zu werden, hat er nie aufgegeben. Aber seine Standhaftigkeit wurde auf eine harte Probe gestellt. Fünf volle Jahre hat er auf einen Studienplatz warten müssen, denn durch das mehrmalige Umschulen in ganz andere Sprachen und Schulsysteme haben meine Kinder alle kein Super-Abitur gemacht, so daß sie sofort einen Studienplatz bekommen hätten. Vier Jahre hat er in England als Chiropraktor studiert, danach noch Medizin in Deutschland, und jetzt arbeitet er mit seinem älteren Bruder in der väterlichen Praxis im Heimatdorf.

Für mich begann nun die Zeit meiner gynäkologischen Ausbildung. Bei meinem Dienstantritt hatte mich der Professor gefragt, wieso ich denn als Chirurg unbedingt auch noch Gynäkologe werden wolle. Ich erzählte ihm von meinem Desaster in Paraguay, und er meinte: »So etwas oder Ähnliches ist jedem von uns schon einmal passiert, und wer das nicht zugibt, ist ein Lügner. Aber ich respektiere Ihren Wunsch, sich fachlich weiterzubilden, wenn Sie noch einmal aufs Missionsfeld wollen. Ich werde Sie auf jede Weise fördern.« Er selber hatte mich bei Kollegen, Schwestern und Patienten als den »Buschdoktor« eingeführt, so war ich bald das Klinikgespräch, und jeder war neugierig darauf, mich kennenzulernen. Der Oberarzt, der nicht in gutem Einvernehmen mit seinem Chef stand, hatte von vornherein eine Abneigung gegen mich, weil er mich für einen Günstling des Chefs hielt. Als durch meine Popularität die Sympathie des Chefs ins Gegenteil umschlug und er anfing, mich zu schikanieren, wurde ich dem Oberarzt sympathischer. Diese Zeit war also eine einzige Demütigung für mich. Erika sagte mehr als einmal: »Warum gehst du denn nicht? Wer zwingt dich denn, den Frauenfacharzt zu erwerben? Du bist doch Chirurg, und wenn du noch einmal aufs Missionsfeld gehst, fragt dich kein Mensch danach. Hör auf, gib's auf!«

Aber Aufgeben war noch nie meine Sache. Selbst wenn ich merke, daß ich mich in eine Sackgasse verrannt habe, muß ich, was ich einmal angefangen habe, zu Ende führen. Zudem sagte ich mir: »Es wird schon einen Sinn haben, daß du jetzt so gedemütigt wirst. Gott hat dich in eine Demutsschule geschickt, damit du wieder auf dem Teppich landest. Wer weiß, was aus dir geworden wäre, wenn du weiter so in den Himmel gelobt worden wärest?« So habe ich den Dämpfer auf meinen Stolz als eine Fügung Gottes betrachtet und durchgehalten.

Auch diese Zeit ging zu Ende. Als ich kündigte und den Professor bat, mir meine Qualifikation für den Facharzt auszustellen, hat er mir nicht nur ein vorzügliches Zeugnis ausgestellt, sondern mir obendrein bescheinigt, daß ich befähigt

bin, die Leitung einer gynäkologischen Abteilung zu übernehmen. Nun war ich während dieser Zeit wieder und wieder
gefragt worden, was ich für meine weitere Zukunft plane. Ich
sagte: »Gar nichts. Ich habe nur ein Nahziel, den Frauenfacharzt zu erwerben. Wenn ich den habe, wird mir Gott zeigen,
wohin ich gehen soll und was ich tun soll.« Ich weiß es, und
ich sah es den Fragern an, daß sie mich als Vater von fünf
Kindern für reichlich leichtsinnig hielten. Dann brachte die
Post eines Tages einen Einschreibebrief: Mein Facharztdi-
plom. Und mit der gleichen Post lag im Briefkasten ein Brief
mit der Anfrage, ob ich bereit sei, die Leitung eines Missions-
krankenhauses in Syrien, im Antilibanon, zu übernehmen.
Für mich stand ganz fest, daß dies das Zeichen war, auf das
ich gewartet hatte, und ich wäre auf jeden Fall hingegangen.
Trotzdem nahm ich das Angebot an, zuerst einmal hinzuflie-
gen und mir die Situation anzusehen.
Mein langer, steiniger Weg, der mich in die Wüste führen
sollte, war zu Ende.

In der Wüste

Was ich in Nebk vorfand, hätte mir in jeder anderen Lebenslage den Mut nehmen müssen.
Das Krankenhaus, 60 Jahre zuvor von Dänen erbaut, war vor
5 Jahren von diesen aufgegeben und verlassen worden, da die
Regierung und die Gewerkschaften ihnen immer unmög-
lichere Forderungen gestellt hatten. Sie hatten das Krankenhaus der syrisch-libanesischen evangelischen Kirche geschenkt, aber das war ein Danaergeschenk gewesen. Alle ein-
heimischen Ärzte, die nach ihnen dort tätig waren, hatten
sich nach kurzer Zeit wieder davongemacht, nicht ohne Mit-
nahme alles dessen, was nicht niet- und nagelfest war an Ge-
räten und Instrumentarium, so daß das Krankenhaus, welches einen vorzüglichen Ruf im ganzen vorderen Orient gehabt hatte, ausgeplündert war und keine Patienten mehr ver-

sorgen konnte. Es stand leer. Die Kirchensynode war aber nach dem Landesgesetz verpflichtet, die etwa 80 Angestellten laufend so lange weiterzubezahlen, bis sie den Offenbarungseid geleistet hätte. Kündigung eines Angestellten oder Arbeiters war unmöglich, er sei noch so frech, faul oder inkompetent. Darum waren ja die Dänen auch gegangen und hatten ihr Krankenhaus verschenkt.

Nun hatte die Synode fast fünf Jahre lang Löhne bezahlt ohne Gegenleistung, ohne Einnahmen, und sie war bald am Ende, vor dem Ruin. Welche Blamage vor den Muslims! Unmöglich, sie hätte ihr Gesicht verloren. Das Mustaschfah (Krankenhaus) in Nebk war die Hochburg, das Prestigeobjekt der Evangelischen, ja der Christen überhaupt in dem islamischen Land gewesen, die einzige noch im Lande geduldete Missionsstation – es aufgeben? Niemals! Aber wie einen Ausweg aus dem Dilemma finden? Da traf der Synodale, Reverend Dagher aus Beirut, eines Tages einige Aidlinger Diakonissen, die eine Israelreise gemacht hatten und auf der Heimreise waren. Spontan machte er sich an sie heran und fragte, ob sie nicht bereit seien, in Syrien ein Missionskrankenhaus zu übernehmen. Sie fuhren sofort mit ihm hinauf – Nebk liegt 1800 Meter hoch an der Straße Damaskus–Homs–Aleppo im Antilibanongebirge – und besahen sich das Krankenhaus. Es war in einem schauerlichen Zustand. Leer, ausgeplündert, verdreckt, halb verfallen, da aus Feldsteinen und Lehm gebaut. So fand auch ich es vor bei meinem Inspektionsbesuch. Durch die leeren Krankensäle raste schreiend eine Horde verwilderter Katzen auf Rattenjagd. Alle Toiletten waren verstopft, und die achtzig Angestellten, die tagaus, tagein strickend und schwatzend ihre acht Stunden Arbeitszeit abgesessen hatten – sonst wäre es ein Entlassungsgrund gewesen! – hatten ihre Notdurft in den unzähligen kleinen Nebengebäuden, Schuppen und dergleichen gemacht, so daß in der Hitze alles zum Himmel stank.

Ringsum war nichts als Wüste: Aber eine schöne Wüste! »Wie kann eine Wüste schön sein, wenn sie doch Wüste heißt?« so wurde ich oft gefragt. Hochgebirge, ragende Felsenzinnen, die zu jeder Tageszeit, bei jeder Beleuchtung andersfarben leuchteten, im Hintergrund die mit ewigem Schnee bedeckten Berggipfel des Antilibanon, darüber ein strahlend blauer Himmel – ein unbeschreiblich schöner Anblick, der einen mit allem versöhnen konnte, was man im Krankenhaus sah.

Die Aidlinger Oberin, eine resolute Frau, muß beim Anblick des verwahrlosten Hospitals das gleiche empfunden haben wie ich: »Dies ist eine Aufgabe, die mich reizt, weil sie so unlösbar erscheint.«

So war ich denn felsenfest entschlossen, hierher zu gehen und diesen verrotteten Laden wieder auf die Beine zu stellen. Das reizte mich fast noch mehr als die fachliche Seite. Diese war allerdings vielversprechend, da dies das einzige Krankenhaus im ganzen Qalamun-Distrikt für eine Bevölkerung von 70–80 000 Menschen war. Das Städtchen Nebk hatte allein schon 20 000 Einwohner. Ich würde einen arabischen Assistenten, wenn nötig auch zwei, bekommen, und um die Verwaltung brauchte ich mich auch nicht zu kümmern, da von der Synode ein arabischer Verwalter eingesetzt werden sollte. Darüber war ich besonders froh.

Als ich von meiner Erkundungsreise nach Hause kam, bestürmten mich die Kinder: »Vater, Vater, wie ist es denn da?«

»Wüste, nichts als Wüste!«

»Ehrlich, wächst da *gar* nichts?«

»Gar nichts, kein Baum, kein Strauch, kein Gras. Nur Sand und Felsen, nackte Felsen, so weit das Auge schaut.«

»Au prima, da geh'n wir hin, da brauchen wir keinen Rasen zu mähen und nicht im Garten zu helfen«, riefen alle fünf wie aus einem Munde. Obwohl Erika und ich begeisterte Hobbygärtner sind, hat keines unserer Kinder je Lust gehabt, etwas im Garten zu tun. Einer sagte einmal: »Vater, warum zementierst du nicht den Garten und streichst ihn grün an, das spart doch eine Menge Arbeit und sieht genauso aus!«

Allerdings habe ich sie mit dem Nebker Garten auf den Leim

geführt, denn um das Krankenhaus war ein sehr Hektar
großer Garten, von einer fünf Meter hohen Mauer einge-
faßt. Der wurde aus einem hundert Meter tiefen Brunnen
künstlich bewässert und stellte eine herrliche grüne Oase
mitten in der Wüste dar, mit Aprikosen-, Feigen- und Man-
delbäumen sowie Weingärten mit herrlichen Trauben. In ein
Becken, das den Kindern als Schwimmbassin diente, wurde
nachts mit einer Motorpumpe das Wasser heraufgepumpt.
Tags konnten sie baden, abends wurde das Wasser in die Be-
wässerungsgräben geleitet, um den Garten zu bewässern,
und bis zum Morgen war das Becken wieder vollgepumpt.
Die Kinder hatten natürlich mit dem Garten keine Arbeit, da
wir ja genügend Personal hatten, das beschäftigt werden
mußte.

Das Doktorhaus, dort »Serail« genannt (was einfach Palast
heißt), war ein riesiger viereckiger Würfel, wie alle Häuser
dort mit Flachdach, mit meterdicken, aus Feldsteinen und
Lehm erbauten Mauern. Es hatte 14 oder 15 Zimmer, drei
Badezimmer, fünf Klos, und allein das Wohn-Eßzimmer war
6 mal 10 Meter groß, ein Saal also. In der einen Wand, nach
Süden zu, hatte es bis zur Decke reichende arabische Bogen-
fenster, so daß den ganzen Tag die Sonne hereinschien und
man die herrliche Aussicht auf die Gebirgswelt ringsum genießen konnte. Die Zimmer waren nicht weniger als fünf
Meter hoch, hatten eine landesübliche Balkendecke, auf die
halbmeterdicke Reisigbündel gelegt waren, darauf eine me-
terdicke Lehmschicht. Dieses Dach und die dicken Mauern
sorgten dafür, daß es im Sommer schön kühl und im Winter
schön warm war. Überhaupt haben wir dort in der Wüste
eher gefroren als geschwitzt. Wegen seiner Höhenlage von
1800 Metern nennt man Nebk das Sibirien Arabiens.

Als ich daheim meiner Familie bekanntgab, daß ich nach
Arabien wolle, waren meine Geschwister ziemlich sauer.
Oft, wenn wir uns über meine weitere berufliche Laufbahn
unterhalten hatten, hatte Erika gemeint: »Warum wirst du
nicht einfach Landarzt? Die sind als einzige gesucht wie But-

ter, und ich meine, du wärest der geborene Landarzt oder besser Familienarzt.«

»Kannst ja noch Medizin studieren und selber Landarzt werden, für mich kommt es jedenfalls nicht in Frage, hörst du? Meinst du, ich hätte mir's so sauer werden lassen und zwei Facharztausbildungen gemacht, daß ich mein Pfund vergrabe und Wehwehchendoktor werde?« Mein Chirurgendünkel hatte also noch immer die Oberhand bei mir. Es mußten noch harte Prüfungen kommen, bevor ich so weit war. In unserem Beruf ist der Allgemeinarzt nicht nur der schlechtestbezahlte, sondern auch unter Kollegen der am wenigsten angesehene. Daß das bei den Patienten nicht so ist, habe ich erst viel später erfahren dürfen. Alle Argumente, doch wegen der Erziehung der Kinder jetzt zu Hause zu bleiben, schlug ich in den Wind. »Für die Kinder ist bestens vorgesorgt. Cornelius kann in Beirut auf das deutsche Gymnasium gehen, das einen ausgezeichneten Ruf hat. Er kann bei einer deutschen Missionarsfamilie wohnen, die vier Buben in seinem Alter hat. An den Wochenenden kann er leicht mit einem Sammeltaxi heimkommen, es ist nicht weit und kostet nicht viel. Für die anderen vier Kinder stellt uns das Mutterhaus der Diakonissen eine eigene Lehrerin zur Verfügung.« Die Pflegeeltern von Cornelius waren sehr liebe Menschen, mit denen wir uns rasch anfreundeten. Nur waren sie um einige Grade frömmer als wir, und da durfte man vieles nicht, was bei uns erlaubt war. Das hat seinen Aufenthalt dort, so gut er auch mit den Buben auskam, beeinträchtigt, wie er uns später eingestand. Sehr wohl gefühlt hat er sich in einer amerikanischen »Community Church«. So nennt man Gemeinden, die sich aus Christen der verschiedensten Denominationen zusammensetzen, weil es am Ort keine Kirche ihrer Konfession gibt. Da die Sprache Englisch war, hat er nebenbei zu seinen in Südamerika erworbenen Spanischkenntnissen noch fließend Englisch gelernt. Wir planten, daß Erika, sobald die anderen Kinder aufs Gymnasium müßten, sich in Beirut ein Haus mieten und mit der Familie dort leben würde und daß dann um-

würde.

Doch ich bin vorausgeeilt, noch waren wir ja gar nicht dort. Als wir mit den Aidlinger Diakonissen alles besprochen hatten, was es zu besprechen gab, stellten wir unser Arbeitsteam zusammen: Oberin, Lehrschwester für die Schwesternschule, Hauswirtschaftsleiterin, Hebamme, Op.-Schwester, Narkoseschwester – alles Diakonissen mit entsprechender Qualifikation –, eine Apothekerin, einen Mechaniker zur Installation und Wartung der technischen Anlagen und Geräte, und mich als Arzt. Von »Brot für die Welt« waren die Mittel zur Renovierung und Neuausstattung des Krankenhauses in Höhe von einer halben Million DM (in Paraguay waren es 50000 DM gewesen) zur Verfügung gestellt worden. Die ganze Apparate- und Instrumentenausstattung war eingekauft und wurde mitgenommen. Wir trafen uns in Aidlingen am festgesetzten Tag und fuhren im Konvoi los. Ich und Helmut Rauch, der Mechaniker, und die drei großen Buben fuhren in unserem VW-Kombi, die Apothekerin und die restlichen Schwestern, welche im VW-Bus keinen Platz hatten, in mehreren Pkw. Erika sollte mit den beiden kleinen Kindern im Flugzeug nachkommen, da wir die viereinhalbtausend Kilometer lange Strecke für die beiden Kleinen doch für zu beschwerlich hielten.

Unsere Fahrt war abenteuerlich, atemberaubend. Nach München, über die österreichischen Alpenpässe, durch Jugoslawien auf der Avtoput, einer Art Autobahn, nach Bulgarien, von dort durch die europäische Türkei bis Istanbul, Autofahrers Alptraum, wo man nur drei Kreuze machen kann, wenn man heil durch ist. Trotzdem machten wir eine Pause und besichtigten die vielen Sehenswürdigkeiten dieser altehrwürdigen, geschichtsträchtigen Stadt. Dann gings durch die asiatische Türkei über Kulu, Bolu nach Ankara, von dort durch endlose Weiten, die kaum bewohnt schienen, an den großen Salzseen vorbei nach Adana und weiter nach Iskenderun, der letzten türkischen Stadt. Die Fahrt durch das Elbrusgebirge ist schauerlich-schön, man kann sich an den schroffen Gebirgsformationen kaum sattsehen. Grenzstation Bab-al-Haua (»Tor der Winde«), dann sind wir im Bestimmungsland Syrien.

Unser Empfang im Nebker Krankenhaus war mehr als frostig. Das Personal, jahrelang fürs Nichtstun bezahlt, sollte nun für das gleiche Geld plötzlich arbeiten! Welch eine Zumutung! Diese verdammten Deutschen, auf die haben wir gerade gewartet! Mit finster verschlossenen, gehässigen Gesichtern empfingen sie uns, und ihre erste Taktik war passiver Widerstand. Was immer man einem anschaffte, es kam die Antwort: »Abadan« (»in Ewigkeit nicht«, oder »kommt gar nicht in Frage«). Das war das erste und am meisten gehörte Wort in Arabisch. Mit sturer Brachialgewalt mußte man jede Anordnung erzwingen. Am klarsten in Erinnerung geblieben ist mir ein Fall. Das Putzpersonal hatte unter sich stillschweigend die Rollen verteilt: Böden wischen, Fenster putzen, Klos reinigen usw. Eines Tages war die Kloputzfrau krank, und die Hausschwester schaffte es einer anderen an. »Abadan!« Ich bin nicht fürs Kloputzen angestellt, da muß erst die Gewerkschaft kommen und es mir befehlen, von euch lasse ich mir überhaupt nichts sagen! »Was tun?« fragte mich die Oberin. »Wir können uns das doch nicht einfach gefallen lassen?« Ich ließ das Frauenzimmer vor mich kommen und sagte ihr: »Willst du oder willst du nicht tun, was man dir sagt?«

»Nicht, bevor es mir die Gewerkschaft ausdrücklich befiehlt!«

»Ich habe mit der Gewerkschaft überhaupt nichts zu tun, das ist deine Sache. Du bekommst so lange keinen Lohn, wie du nicht arbeitest, dann kannst du dich ja bei der Gewerkschaft beschweren und wir wollen mal sehen, was dabei herauskommt.«

Vierzehn Tage passierte nichts, und die Oberin putzte selber die Klos, um zu zeigen, daß das gar keine Schande war. Dann rückte die Gewerkschaft an, drei Mann hoch, und schnauzte: »Was geht hier eigentlich vor? Was sind das für Zustände?

Sie wollen einer Arbeiterin ihren Lohn vorenthalten? Das können Sie hier nicht so einfach machen, verstanden?«

»Immer langsam«, sagte ich, »Sie werden sogleich sehen, ob ich kann oder nicht. Hier, meine Herren, ist der Arbeitsvertrag der Frau. Lesen Sie selber, was darin steht.«

»Angestellt für neun Stunden Putzarbeit täglich.«

»Also, wo steht da etwas davon, daß sie keine Klos putzen muß? Wollen Sie da vor Gericht gehen?« Dabei konnte ich mir ein hämisches Grinsen nicht verkneifen. Die Herren bekamen rote Köpfe und schnauzten die Frau an: »Du saudumme Kuh, kannst du nicht lesen?«

»Nein.«

»Also, wenn du zu doof bist, dann mach' hier keine Zicken! Und untersteh' dich ja nicht, uns noch einmal so zu blamieren! Was glaubst du eigentlich, wer du bist? Marsch, an die Arbeit!«

Das verstand ich natürlich alles nicht, da es in rasend schnellem Arabisch gesprochen war, noch dazu im Dialekt, aber ich habe es mir nachher vom Verwalter übersetzen lassen.

Dies war die erste Kraftprobe, aber es sollten noch andere kommen. So allmählich jedoch sahen sie ein, daß sie mit ihrer Taktik den kürzeren zogen. Bald merkte ich, daß ihr Widerstand nicht nur mir galt, sondern auch den Diakonissen. Unsere arabischen Schwestern waren schon jahrelang am Haus tätig gewesen, einige von ihnen hatten ihre Ausbildung sogar in Dänemark bekommen und waren »Registered Nurse«, also kompetent bis dahinaus. Sie konnten perfekt Injektionen und Infusionen machen, sie konnten instrumentieren, narkotisieren, man konnte sie alles heißen, sie waren mit allem vertraut und verstanden alles, waren auch schon nicht mehr die Jüngsten. Was Wunder, daß es ihnen stank, sich von den »hergelaufenen Rahbat« (Nonnen) Anordnungen geben zu lassen?

Eine große Hilfe waren uns im Anfang die paar Christen unter unserem Personal. Da waren in erster Linie Munir Katibah und sein Vetter Gad. Munir war der Sohn des verstorbe-

nen Pfarrers unserer evangelischen Gemeinde. Er hatte im
Hospital seine Laborantenausbildung gemacht, und als er
Vollwaise geworden war, zog er ins Krankenhaus und war
dort gut versorgt. Er hat uns in der schwierigen Zeit des Neu-
beginns, als wir immer nur »Abadan« hörten, unendlich viel
geholfen, indem er sich vor keiner noch so dreckigen Arbeit
scheute und den anderen mit gutem Beispiel voranging.
Schon bald hatte ich gemerkt, wie intelligent er war, und so
schlug ich ihm vor, sich in Deutschland zum MTA ausbilden
zu lassen, um dann zurückzukommen und am Krankenhaus
ein richtiges Großlabor aufzuziehen. Er war sofort Feuer und
Flamme, und nach vielen Schreibereien und persönlichen In-
terventionen erreichte ich es, daß er in Karlsruhe an der
MTA-Schule angenommen wurde, nachdem er zuerst im
Goethe-Institut seine Deutschprüfung absolviert hatte.
Noch gab es einen großen Strauß auszufechten. Das Krankenhaus konnte ja erst in Betrieb genommen werden, nachdem es aus seinem total verwahrlosten Zustand befreit worden war. Wir beschlossen, zuerst den hinteren Trakt, in dem
sich die Operationssäle und die Entbindungsabteilung mit
einigen kleineren Krankenzimmern befanden, in Angriff zu
nehmen, dann sollten die großen Krankensäle im vorderen
Trakt in kleinere Krankenzimmer umgewandelt werden. Die
Synode, die so viele Jahre nur Unkosten mit dem Krankenhaus gehabt hatte, drängte darauf, daß alles schnell, schnell
ging, damit Patienten kämen und Geld einbrächten. Ein Heer
von Arbeitern rückte an, denn die Arbeitslosigkeit war groß –
die meisten Männer mußten auswandern, um den Unterhalt
für ihre Familien zu verdienen –, und der Krankenhausbau
war eine Arbeitsbeschaffungsmaßnahme für den kleinen Ort.
Bald hämmerte und pochte es an allen Ecken und Enden und
das sechs Tage lang von früh bis spät. Aber als die Arbeiter
auch am Sonntag anrückten, rieb ich mir die Augen und
fragte den Verwalter: »Was soll denn das heißen? Die wollen
doch nicht etwa sieben Tage in der Woche arbeiten?«
»Das ist von der Synode angeordnet«, meinte er, »die drängt

darauf, daß in kürzestmöglicher Zeit mit dem Patientenbe-
trieb angefangen werden kann.«

»Nicht, so lange ich hier etwas zu sagen habe«, gab ich ihm
zur Antwort. »Am Sonntag wird hier nicht gearbeitet!«

»Aber das sind doch alles Muslims, das macht denen nichts
aus, die arbeiten zu Hause ja auch am Sonntag, ja, die meisten
sogar am Freitag, ihrem eigenen Feiertag.«

»Aber dies ist ein christliches Krankenhaus, und so lange ich
hier die Verantwortung habe, wird hier am Sonntag nicht gearbeitet.«

Er holte den Krankenhauspfarrer zu Hilfe, der mir mit den
gleichen Argumenten klarzumachen versuchte, daß dies hier
in Arabien, einem islamischen Land, eben etwas ganz anderes
sei als bei uns in Deutschland. Ich sagte zu ihm: »Wie steht es
geschrieben? ›Am siebten Tag ist der Tag des Herrn, da sollst
du keine Arbeit tun, noch dein Sohn, noch deine Tochter,
noch dein Knecht, noch deine Magd, noch dein Vieh, noch
der Fremdling, der in deinen Toren ist.‹ – Eher will ich meine
Sachen packen und wieder nach Hause fahren, als daß ich
zulasse, daß hier am Sonntag gearbeitet wird.«

»Nun, von mir aus, wenn Sie es der Synode gegenüber verantworten wollen, mir soll's recht sein«, meinte er.

Nach einiger Zeit, unser Bauvorhaben war schon gut voran-
geschritten, kam der Ramadan, der islamische Fastenmonat.
Da dürfen die Muslime bekanntlich von Sonnenaufgang bis
Sonnenuntergang weder essen noch trinken. Die Synode
schickte die Anordnung aus Beirut herauf, die Bauarbeiten so
lange einzustellen, da mit einer Arbeitsleistung ja doch nicht
gerechnet werden könne und das Geld für die Löhne zum
Fenster hinausgeschmissen sei. Ich fragte mich: »Kann ich es
als Christ verantworten, daß diese Leute, bloß weil sie ihren
religiösen Vorschriften treu sind, einen Monat ohne Lohn
sind?« Denn so etwas wie eine Arbeitslosenunterstützung
gab es hier natürlich nicht.

»Zuerst konnte Ihnen alles nicht schnell genug gehen und die
Leute sollten sogar am Sonntag arbeiten. Jetzt auf einmal sol-

len sie einen ganzen Monat aussetzen?« sagte ich zu dem Synodalen.

»Nun, es ist Ihr Geld, wenn Sie es zum Fenster hinausschmeißen wollen, bitte sehr«, meinte er eisig. »Sie werden schon sehen, wie die Arbeiter da in der Sonne herumlungern und faulenzen.«

In Arabien spricht sich alles in unglaublich kurzer Zeit herum, und so erfuhren die Arbeiter natürlich auch, daß der deutsche Doktor sich dafür eingesetzt habe, daß sie im Ramadan weiterarbeiten dürften. Vor Tagesanbruch hatten sie gegessen und getrunken, standen auf der Baustelle und fingen sofort nach dem Böllerschuß, welcher das Fasten anzeigt, zu arbeiten an wie die Wilden, so daß sie, wenn die Sonne hochstand und es mühseliger wurde, schon fast ihr Tagespensum erfüllt hatten. Schließlich war das ganze Bauvorhaben zwei Monate vor der festgesetzten Zeit beendet, das Krankenhaus erstrahlte in neuem Glanz!

Ich muß hier sagen, daß ich in meinem langen, inhaltsreichen Leben noch niemals den kürzeren gezogen habe, wenn ich mich bei meinen Entscheidungen nach der Bibel gerichtet habe. Dagegen habe ich schon manches Fiasko erlebt, wenn ich nach eigenem Gutdünken entschieden habe. Die Bibel ist und bleibt der beste, unfehlbare Ratgeber. Mit ihr zu leben, macht das Leben unendlich viel leichter.

Aber bevor ich an meine eigentliche Arbeit als Chirurg gehen konnte, hatte ich noch eine ganz große, unerwartete Hürde zu überwinden. Als ich nach Damaskus zum Gesundheitsminister kam, um ihm meine Dokumente zu überbringen und um meine Arbeitserlaubnis zu bitten, meinte er: »Ja, sobald Sie Ihr Examen bei uns abgelegt haben, können Sie ins Arztregister eingetragen werden und anfangen.«

Ich hörte immer Examen… Ein deutscher Entwicklungshelfer und Examen machen? Wo gibt's denn so was?

»Wie meinen Sie das, Examen?« fragte ich verdutzt.

»Na, darf vielleicht in Ihrem Land ein Syrer eine leitende Position einnehmen, ohne Ihr Examen abgelegt zu haben? Nein, sicher nicht, also ist es doch nicht mehr als recht und billig, daß Sie bei uns auch eines ablegen, oder?«

»Aber ich kann ja noch kaum ein Wort Arabisch«, wandte ich ein.

»Das macht gar nichts, Englisch oder Französisch werden Sie ja als studierter Mensch können, und eine der beiden Sprachen spricht bei uns jeder Professor. Sie können sich's aussuchen.«

Ich wählte Englisch, das mir geläufiger war als Französisch, das ich in der Schule vor dreißig oder mehr Jahren gelernt und zuletzt im Krieg in Frankreich gesprochen hatte.

Auf der Heimfahrt nach Nebk hinauf dachte ich: »Was, wenn du das Examen nicht bestehst? Wieder mit Sack und Pack, mit Weib und Kind und Kegel heimfahren und sagen: ›hier sind wir wieder, es war nix‹?« Da fiel mir ein, was Gott zu dem verzagten Josua gesagt hatte: »Siehe, ich habe dir geboten, daß du getrost und unverzagt seist. Laß dir nicht grauen und entsetze dich nicht, denn der Herr, dein Gott, ist mit dir in allem, was du tun wirst« (Josua 1,9). Ich dachte: »Wenn du überzeugt warst, daß Gott dich auf diesen Platz geschickt hat, dann hast du jetzt auch kein Recht, kleingläubig zu sein.«

Zum angegebenen Termin fuhr ich nach Damaskus hinunter und meldete mich am Mustaschfah Muschtahed, der Universitätsklinik, zur Prüfung. Man führte mich auf die Innere Abteilung – wieso ausgerechnet Innere, dachte ich, ich bin doch Chirurg und Gynäkolge? – und vor ein Krankenbett, in dem ein einfacher Araber lag, der außer Arabisch nichts konnte und verstand. Den sollte ich untersuchen und meine Examensarbeit über ihn schreiben: Anamnese, Diagnose, Prognose, Epikrise und Therapie. »Mir ist vom Gesundheitsminister gesagt worden, ich könne das Examen auf Englisch oder Französisch machen. Ohne Dolmetscher kann ich genausogut heimgehen, der Mann versteht ja keine von beiden Sprachen«, sagte ich zum Stationsarzt. Also wurde mir ein Dolmetscher bewilligt, der auch bald zur Stelle war, und mit

38

endlosem Fragen und Übersetzen, Antworten und Übersetzen konnte ich endlich meine Arbeit schreiben. Es war eine typisch internistische Erkrankung, eine Rechtsherzinsuffizienz.

Am Nachmittag, nachdem ich sie abgeliefert hatte, wurde ich vor meine vier Prüfer, nämlich drei Professoren, von denen zwei nur Englisch und einer nur Französisch konnten, und den Ministerialsekretär des Gesundheitsministeriums zitiert.

»Da Sie, wie wir aus Ihren Papieren ersehen, Chirurg und Gynäkologe sind, haben wir uns gedacht, daß wir Sie in diesen beiden Fächern, die Sie ja sicher beherrschen, nicht prüfen, sondern in Ihnen fremden Fächern«, sagten sie. »Sehr nett, sehr entgegenkommend«, dachte ich.

Das Kolloquium, wie man es nannte, spielte sich dann immer abwechselnd in zwei Sprachen ab, je nachdem, wer mich etwas fragte, und mein Sprachzentrum im Gehirn mußte fortwährend umschalten. Außer in Innerer Medizin wurde ich noch in Haut- – wovon ich wenig verstand –, in Tropenkrankheiten – schon eher mein Fall – in Augen und Hals-Nasen-Ohren geprüft. Um 8 Uhr früh hatte ich mit meinem »Fall« angefangen, um 17 Uhr war ich mit der Prüfung durch, bekam gratuliert und konnte abzwitschern. Ich bekam meine beiden Facharztdiplome ausgehändigt, und mein Begleiter, unser armenischer Verwalter, ging mit mir zu einem Kalligraphen (Schönschreiber), wie sie in Damaskus häufig auf der Straße anzutreffen sind, wo sie für die Analphabeten Schriftstücke aufsetzen, der dann meinen Namen auf Arabisch in Schönschrift in die Diplome einsetzte. Gelächert hat mich, als ich meinen Namen zum erstenmal in Arabisch las: »Daktur Dullnjr«, denn anders läßt es sich nicht schreiben. So hatte ich denn doch noch ein Staatsexamen abgelegt und das mit 51 Jahren, unvorbereitet und in zwei Fremdsprachen! Anscheinend hatte mich das Leben schon genug geprüft gehabt.

Nun stand einer Arbeitsaufnahme im Krankenhaus nichts

mehr im Wege. Zunächst kamen die Patienten nur zögernd. Das wunderte uns, denn man hatte uns versichert, alles warte nur darauf, daß das Mustaschfah Nebk wieder eröffnet würde. In der Sprechstunde hatte ich eine arabische Schwester als Dolmetscherin – die Umgangssprache mit unserem Personal war Englisch –, und ich verstand nichts von dem, was sie den Patienten erzählte. Was ich gar nicht begreifen konnte, war, daß wenn ich einen Patienten zur Operation aufgenommen hatte, dieser entweder nicht erschien oder klammheimlich verschwand. Das passierte wieder und wieder. Schließlich erzählte einer von den uns zugetanen christlichen Patienten unserem Verwalter: »Weiß denn der deutsche Doktor überhaupt, was die den Leuten erzählt? ›Ich rate Ihnen, lassen Sie sich bloß von dem nicht operieren, der kann nämlich nichts. Gehen Sie lieber nach Homs oder Damaskus!‹« Ohne ein großes Verhör zu machen, löste ich sie ab, denn ich hatte mir durch die Aidlinger eine deutsche Schwester, mit Arabisch-Examen in Kairo, schicken lassen. Nur hatte die leider Hoch-Arabisch gelernt, das von unserem Qalamun-Dialekt etwa so verschieden war wie Oberbayerisch vom Hochdeutschen, wenn nicht noch mehr, so daß die Dolmetscherei sehr viel Zeit in Anspruch nahm. Erst als ich mir dann einen medizinischen Wortschatz angeeignet hatte und ohne Dolmetscher auskam, wurde ich in einem Bruchteil der Zeit mit meiner Arbeit fertig. Ich habe herausgefunden, daß man als Doktor nur etwa 400 Wörter einer Fremdsprache können muß, um allein mit den Patienten fertig zu werden. Die arabische Sprache, wie alle alten Kultursprachen, hat einen ungeheuren Wortschatz. Daher ist es umgekehrt wie bei anderen Sprachen, man kann sie früher sprechen als verstehen. Hat man sich z. B. für einen bestimmten Begriff ein Wort angeeignet, so versteht einen zwar der Partner; gebraucht er jedoch für den gleichen Begriff ein anderes Wort, das man selber noch nicht gelernt hat, dann versteht man immer Bahnhof. Beispiel: Pferd, Roß, Gaul, Mähre, Rosinante, Klepper. Die arabische Grammatik ist zwar relativ einfach, dafür muß man aber eine ganz neue Schrift lernen. So leicht ich auch Sprachen lerne, Arabisch ist mir nicht zugeflogen. Abendelang saß ich da und kritzelte wie ein ABC-Schütze ganze Hefte voll, bis ich in der Lage war, meine Rezepte zu schreiben.

Daß die Araber alle Polyglotten sind (Vielsprachler), erleichtert einem die Sache einigermaßen. In Nebk sprachen die Älteren noch alle Französisch aus der Kolonialzeit; die Jüngeren lernten schon im Kindergarten Englisch (mit einer schauderhaften Aussprache!), und zwar nicht mit unserer Unterrichtsmethode, indem man die Fremdsprache in die eigene übersetzt oder umgekehrt. Vielmehr lernen die kleinen Araber so Englisch, wie es kleine Engländer oder Amerikaner auch lernen, sie lernen Englisch in Englisch, und daher ist es für sie wie eine zweite Muttersprache. Dazu kam, daß in Nebk ein Großteil der Bevölkerung in einer großen Auswanderungswelle nach Argentinien oder Chile ausgewandert und nach Erlangung von Wohlstand wieder in ihre schöne Wüste zurückgekehrt war, oft nach dreißig oder vierzig Jahren. So konnte der größte Teil der Nebker auch Spanisch. Gewundert hat uns oft, wie die Söhne und Töchter der Ausgewanderten, in Buenos Aires oder Valparaiso aufgewachsen, sich ohne weiteres in dem verlassenen kleinen Wüstennest in die Bevölkerung integrierten.

Konnte also ein Patient je einmal keine dieser drei Sprachen, dann waren bestimmt ein paar Verwandte zum Dolmetschen dabei. Das war besonders verwirrend, wenn alle in einer anderen Sprache mit einem reden wollten, denn so schnell, wie die redeten, schaltete mein Gehirn gar nicht. Ich bat sie daher, zunächst einmal alle still zu sein, damit ich versuchen konnte, mich allein mit meinen erlernten arabischen Brocken mit dem Patienten zu unterhalten.

Wenn ich vorher erwähnt habe, daß die Patienten, von unseren Widersachern vergrault in der Hoffnung, sie würden dann wieder abhauen, nur sehr zögernd kamen, so sollte sich das bald ändern. Neuigkeiten sprechen sich bei den Arabern schneller herum als bei irgendeinem Volk der Erde – sie sind die personifizierten Neuigkeitskrämer. Überall hocken sie in Grüppchen im Schneidersitz auf dem Boden beisammen und tratschen, das ist ihr liebster Zeitvertreib. So hatte es sich denn auch bald herumgesprochen, daß ich in Damaskus am Muschtahed mein Examen abgelegt hatte – ohne Vorbereitung, ohne alles, man denke, dabei war der erst gerade vorher ins Land gekommen! – und als ich erst ohne Dolmetscher mit ihnen verkehren konnte, war das Eis gebrochen. Eine unerwartete Hilfe kam mir von einer Seite, von der ich es nie erhofft hätte: Es war der islamische Mufti, was bei uns etwa einem Bischof entspricht. Gleich zu Anfang hatte er mir einen Antrittsbesuch gemacht und mich willkommen geheißen. Er, der nicht nur für die Reichen, Hochgestochenen da war, sondern auch an seine armen Beduinen dachte, war sich bewußt, was dieses Krankenhaus für sie bedeutete. Sie konnten ja nicht in den teuren Privatkliniken, deren es in Homs oder Damaskus zahllose gab, behandelt werden. Für seine Hilfe und Propaganda hatte er wohl nebenbei auch noch einen ganz kleinen eigennützigen Hintergedanken: Er wollte gerne seinen Sohn, einen jungen Mediziner, bei uns als Assistenten unterbringen und ihm eventuell später zu einer Facharztausbildung in Deutschland verhelfen.

Dann passierte in der Nähe von Nebk ein fürchterliches Verkehrsunglück: zwei vollbesetzte Autobusse prallten aufeinander. Mit den vielen Verwundeten hatten wir mit einemmal das ganze Krankenhaus gerammelt voll, und wir mußten fast 24 Stunden hindurch operieren, Wunden flicken, Knochenbrüche einrichten und gipsen, Gliedmaßen schienen. Und von da an blieb das Krankenhaus auch voll, und wir hatten alle Hände voll zu tun. Die Patienten an solchen Krankenhäusern, die ja jeden Tag selber bezahlen müssen, haben eine unvorstellbar kurze Verweildauer, so daß die Fluktuation viel größer ist als bei uns, wo die Patienten gewöhnlich erst entlassen werden, wenn man wieder ein Bett braucht. »Im Bett liegen kann ich zu Hause, zum Fädenziehen kann ich ja wieder herkommen«, hieß es gewöhnlich bei unseren Patienten, sobald nach ein, zwei Tagen die Narkosewehen vorbei waren. Eine Frau, Mitte Sechzig, fragte mich nach einer Gallenblasenoperation, wann sie heimgehen könne. »Das kommt darauf an, wo Sie her sind«, sagte ich.

»Aus Kamischli.«

»Wo liegt denn das?«

»An der irakischen Grenze.«

»Aber das sind ja fast tausend Kilometer«, rief ich aus.

»Mehr als tausend.«

»Und wie kommen Sie da hin?«

»So, wie ich hergekommen bin, mit dem Bus, dem transarabischen Wüstenbus.«

»Und das trauen Sie sich zu, allein?«

»Freilich, warum denn nicht?«

Sie blieb also, bis ich am siebten Tag die Fäden gezogen hatte, setzte sich in den »Trans-Desert-Highwaybus« und fuhr nach Kamischli. Hart im Nehmen.

Komische Erlebnisse hatten wir auch oft. Geburten wurden, wenn normal, möglichst zu Hause mit der Dorfhebamme, der Seidalanieh, abgemacht. Ins Krankenhaus ging die ärmere Bevölkerung nur, wenn es um einen Kaiserschnitt ging. Wehe uns, wenn wir versuchten, eine Geburt normal zustande zu bringen, wo die Seidalanieh gesagt hatte, es ginge nicht. Da hätte sie ihr Gesicht verloren. War ich also nicht sofort bereit, die Wöchnerin in den OP schieben zu lassen, sondern wollte erst abwarten, dann gellte es durch die Hallen: »Amaliääät! Amaliääät!« (Operation)

Einmal wartete ich auch ab, weil ich bei der Untersuchung festgestellt hatte, daß der Kopf nicht unten lag, und ich es also für eine Steißlage hielt, die man ohne Operation, per vias naturales, entbinden konnte. Aber die Geburt ging und ging nicht voran. Die Seidalanieh stand hämisch grinsend daneben, als wollte sie sagen: »Mal sehen, was du zustande bringst, deutscher Klugscheißer!« Schließlich holte ich unseren Munir, schickte alle hinaus und ließ die Kreißende fragen, was hier denn eigentlich los sei. Und da stellte sich das Unglaubliche heraus, daß die Seidalanieh zu Hause so sehr an dem schon geborenen Kopf gezogen hatte, daß er abriß. Den Kopf hatte sie nicht mitgebracht, sondern wohlweislich daheim gelassen. Es handelte sich um den sehr seltenen Fall eines Wasserbauches, der nicht natürlich entbunden werden konnte und schon gar nicht, nachdem der Kopf nicht mehr dran war. Ich perforierte also, ließ das Wasser ab, und dann wurde das restliche Baby geboren, ohne »Amaliäääät!«

Ein andermal kam eine Frau mit einer Uterusruptur (Gebärmutterriß). Der Kindskopf war zu groß gewesen für eine normale Entbindung, aber anstatt die Frau sofort zum Krankenhaus zu bringen, waren sie ihr auf dem Bauch herumgetrampelt (wie das die Indianer in Südamerika auch tun), so lange, bis die Gebärmutter geplatzt war. Da ist höchste Lebensgefahr, da die Frau innerlich verblutet, wenn man nicht sofort operiert. Ihr Puls war kaum fühlbar, der Blutdruck nicht meßbar. Eine Operation in einem solchen Stadium kann man nur unter Bluttransfusionen machen, sonst bleibt die Patientin tot auf dem Tisch. Welch eine Prestigefrage für mich, welch ein Risiko für die Patientin! »Ich brauche sofort Blut, schnellstens, sonst kann ich nicht operieren, und die Frau stirbt.« In der großen Eingangshalle saßen zwanzig oder mehr Anverwandte, wie das so üblich ist bei den Arabern, aber keiner wollte Blut spenden. Abadan! »Kauft es, wir bezahlen alles«, hieß es. Alle Vorhaltungen, die Patientin müsse sterben, halfen nichts. Nichts zu machen, abadan! Da hatte ich blitzartig eine Idee. In einer unserer Suiten für vornehme Privatpatienten lag ein hohes politisches Tier, vor dessen Zimmer Tag und Nacht ein Soldat mit Maschinenpistole Wache stand. Munir lief zu dem hin und sagte: »Schnell, komm mal mit! Leg deine Pistole in Anschlag!«

Er stellte den Soldaten vor die Angehörigen und brüllte: »Blut her, oder wir schießen euch alle über den Haufen!« Da konnte er schnell die Blutproben nehmen, den Test machen, und als wir erst drei, vier Flaschen Blut hatten, konnte ich operieren, und die Frau war gerettet. Diese Methode »Blut oder Leben« hat uns in Zukunft immer geholfen, wenn es Schwierigkeiten gab.

Der Krankenhausbetrieb war also angelaufen und ging seinen geregelten Gang, wie das überall auf der Welt üblich ist, wo zivilisierte Verhältnisse herrschen.

So will ich nun etwas über unser Privatleben berichten.

Anders als im südamerikanischen Busch waren hier unsere Lebensbedingungen äußerst angenehm. Das Klima war herrlich, das große Haus war mit allem europäischen Komfort ausgestattet, es gab an Eßwaren alles zu kaufen, was das Herz begehrte, und billig noch dazu. Wir lebten auf geschichtsträchtigem Boden. In Halbtags- oder Eintagesausflügen konnte man die interessantesten Ruinenstädte, Tempelbauten, Städte wie Damaskus, Aleppo oder Homs besuchen. Wo man ging und stand, auf jedem Quadratmeter Boden, hatte sich irgend etwas Geschichtliches ereignet, um nur Baalbek und die Ruinenstadt Palmyra zu nennen.

»Hier ist der Punkt, wo sich Abraham und Lot geschieden haben, wo der eine talwärts nach Süden, der andere talwärts nach Norden zog mit seinen Herden und seinem Gesinde«, erzählte man uns. »In diesem Städtchen haben die ›Enakssöhne‹ gewohnt, die biblischen Riesen. Man hat hier Oberschenkelknochen von einem Meter Länge ausgegraben.« (Gesehen habe ich keinen.) Aber alle Frauen, hier meist größer als ihre Männer, waren über einsachtzig groß, hatten bodenlange Gewänder an und einen dreißig Zentimeter hohen Hut auf dem Kopf, von dem weiße Schleier bis auf den Boden hinunter wallten, ein malerischer Anblick. Da konnte man sich die Enakiter schon vorstellen. Palmyra, die Wüstenruinenstadt, einst Residenz der berühmten Königin Zenobia, noch gar nicht lange entdeckt und aus dem Wüstensand ausgegraben, von Archäologen in ihren früheren Zustand versetzt mit Ladenstraßen, Amphitheater, Arenen und Tempeln; die gewaltigen Tempelbauten von Baalbek aus der Römerzeit, bei denen man vor Staunen nicht den Mund zubekam,

wie die Menschen in der Antike es fertigbrachten, solche ungeheuren, gewaltigen Monolithen zu Säulen aufeinanderzu-
türmen. Damaskus mit dem Tor, aus dem Paulus mit dem
Strick hinuntergelassen worden war. Und nicht zuletzt Jerusalem, Bethlehem, Jericho, der Jordan, das Tote Meer: das
alles war zwar etwas weiter als eine Tagesreise entfernt, aber
an einem verlängerten Wochenende auch zu erreichen. Einen
Osterausflug an den Golf von Aqaba mit seiner herrlichen
Korallen- und Fischwelt habe ich in einer eigenen Geschichte
beschrieben.

Da wir zwar ein riesengroßes Wohnhaus, aber keinerlei Einrichtung hatten – es war alles gestohlen worden –, wäre es das
einfachste gewesen, nach Damaskus hinunterzufahren und in
einem Möbelhaus eine komplette Einrichtung zu kaufen.
Aber das kam nicht in Frage: Bei den Syrern war in jener Zeit
gerade die Plastik- und Resopalkultur ausgebrochen, und dabei gibt es auf der ganzen Welt keine schönere und ge-
schmackvollere Handwerkskunst als in Arabien. Für Erika
und mich stand fest, daß wir lieber so lange auf Klappbetten
schlafen und an einem primitiven Tisch mit ein paar Hockern
hausen würden, als uns so einzurichten! Wenn schon in Arabien, dann arabisch! Das taten wir dann auch, wir behalfen
uns aufs äußerste und sammelten Stück für Stück der erlesen-
sten alten geschnitzten Truhen, mit Perlmutt eingelegt, alte
riesige Ölkrüge als Bodenvasen, herrliche, handgetriebene zi-
selierte Kupferteller und -kessel, und nach und nach antike
naturgefärbte geknüpfte Beduinenbrücken und handgewebte
Bauernteppiche aus Ziegenhaar. Auni Katibah, der Bruder
unseres Munir, aus Argentinien gekommen, wohin er vor
Jahrzehnten ausgewandert war, half mir, diese Kostbarkeiten
in alten Bauernhäusern aufzustöbern, wo sie in Unehren gehalten, mit altem Gerümpel angefüllt, in Kellerlöchern her-
umstanden und für ein Butterbrot und ein Ei abgegeben wurden. Auch geflochtene Strohteller in wunderschönen Mu-
stern und Farben gab es, wenn man genug danach stöberte. In
Damaskus gab es ein Museum, den Asampalast, ein ehemali-

ges Patrizierhaus, ganz typisch altarabisch eingerichtet. Wer von unseren Besuchern das schon einmal gesehen hatte, rief bei uns aus: »Wie der Asampalast!« Wir fühlten uns sehr wohl darin. Ich fing auch bald an, mich arabisch zu kleiden in Galabieh (das lange weiße Hemd), Hattah (das Kopftuch) und Agaal (die zwei schwarzen Stirnringe). Mit meiner großen Nase und meinen schwarzen Augen sah ich wie ein Araber aus und hörte oft hinter meinem Rücken tuscheln: »Hua mithl Arabi« (er sieht wie ein Araber aus). Auch in Südamerika war ich immer mit dem landesüblichen, breitrandigen Strohhut, dem Sombrero, gegangen. Man fühlt sich in einem fremden Land viel heimischer, wenn man die Landestracht trägt.

Als ich etwas besser Arabisch verstehen konnte, merkte ich, daß der Muslim den ganzen Tag und bei jeder Gelegenheit Gott, also Allah, im Munde führt, ohne sich viel dabei zu denken, genau wie es bei uns viele Menschen gibt, die den ganzen Tag sagen »ach Gott« oder »Grüß Gott«, oder im Bayerischen »pfüat di«, was »behüt dich Gott« bedeutet. Als wir mit der Krankenhausrenovierung fertig waren, lag das ganze Krankenhausgelände voller Unrat wie Zementsäcke, leere Tonnen, Bauschutt etc. Ich wollte eine Großräumaktion starten und forderte das ganze Personal auf, mit Hand anzulegen. »Abadan«, war die Antwort, ich solle Hilfsarbeiter anstellen, für sie käme eine solche Dreckarbeit niemals in Frage. Also machten sich meine Frau, die Kinder, die deutschen Schwestern und unsere paar christlichen Mitarbeiter daran, während die Angestellten mit verschränkten Armen dabeistanden und hämisch grinsend sagten »Jatik al Aafi, Hakim« (Gott segne deiner Hände Arbeit, Arzt), ein Ausspruch, der üblich war, wenn ein Patient nach der Operation aus dem OP geschoben wurde. Allah maak (geh mit Gott = auf Wiedersehen), Salam Aleikon (Grüß Gott), Inshallah (geb's Gott), Alhamdullilah (Gott sei Dank) und so fort und fort. Damals ist mir erst aufgefallen, wie viele Menschen auch bei uns den Namen Gottes mißbrauchen, wenn sie so daherplappern, ohne sich etwas dabei zu denken.

Unsere Kinder, außer vielleicht Mathis, dem Jüngste, waren schon in einem Alter, wo sie unsere Ausflüge in die ge schichtsträchtige Umgebung und die orientalische Welt mit wachen Sinnen aufnehmen konnten. Ob sie allerdings alles in so frischer Erinnerung behalten haben wie ich, weiß ich nicht. Überhaupt muß ich sagen, daß wir im Ausland, sei es Para-guay oder Syrien, viel mehr Familienleben hatten als daheim in Deutschland. Es gab ja weder Fernsehen noch Radio noch Illustrierte, kein Kino, kein Theater, keine Veranstaltungen irgendwelcher Art. Und so spielten wir abends Mensch-är-gere-dich-nicht, Halma, Fang-den-Hut, sangen zur Gitarre Lieder und erzählten Geschichten oder lasen vor. Als wir dann nach Deutschland zurückkamen, nahm ich mir vor, kei-nen Fernseher anzuschaffen, weil ich voraussah, was passie-ren würde. Aber dann schenkte mir meine Schwester einen zum Geburtstag (heimlich aufgestellt), und der Jubel der Kin-der war so groß, daß ich es nicht übers Herz brachte, ihn abzuschaffen, auch wäre meine Schwester da schwer belei-digt gewesen. Es kam, wie ich befürchtet hatte: Sie waren Tag und Nacht kaum von der Flimmerkiste wegzubringen, die Schularbeiten wurden vernachlässigt, nichts war mehr mit ih-nen anzufangen. Schließlich sagte ich: »So kann es nicht wei-tergehen. Ich lasse euch die Wahl: Entweder wir schaffen ihn ganz ab, oder ihr seht nur noch an den Wochenenden, was ist euch lieber?« Die Entscheidung war ja klar, und so kam es, daß wir fortan an den Wochenenden nichts Gemeinsames mehr anfangen konnten, immer mit der Begründung: »Du hast gesagt, an den Wochenenden dürfen wir!« Ich bin gewiß kein Fernsehgegner, aber familienbildend ist er einmal ganz bestimmt nicht.

Eines ist aber bei uns auch in Deutschland immer hochgehal-ten worden, das Singen. Unsere Kinder sind alle begeisterte Chorsänger, und so sangen wir nach der Abendandacht im-mer ein paar Bachchoräle vierstimmig und übten auch für jedes Familienfest ein Chorprogramm ein. Sogar später, als schon alle aus dem Haus waren, schickten sie sich vor jeder

Familienfeier die Noten zu, jeder übte seinen Part ein, so daß dann zu Hause nur eine kurze Probe nötig war, um die »Vorstellung« zu geben.

In Nebk hatte besonders Erika eine schöne Zeit. Im Krankenhaus brauchte sie nicht viel zu tun, denn wir hatten genügend qualifiziertes Pflegepersonal. Dafür gab ihr das große Hauswesen genügend Betätigungsmöglichkeit. Außer für unsere fünf Kinder war sie für unser deutsches Team eine Art Teammutter; dazu riß der Besucherstrom nicht ab, denn alle unsere Freunde und Verwandten, die den Orient bereisten, kamen zu uns auf Besuch, so daß unser großes Haus manchmal einem Hotel glich. Wir hatten eine arabische Hausangestellte mit Namen Mirjam; diese, weit entfernt davon, sauer zu sein, wenn Besuch kam, brach jedesmal in Entzückensschreie aus: »Ah, Diuff! Katir malieh!« (Ah, Besuch, sehr gut!) Da auch für Erika Besucher empfangen und bewirten die höchste Lust und Freude ist, waren die beiden Frauen sich eins. Nachdem das Verhältnis zu unserem arabischen Personal sich normalisiert hatte, veranstalteten wir in unserem großen Wohnzimmer, oder besser -saal, bunte Abende für das gesamte Personal. Da wurde die arabische Handtrommel geschlagen, Volkstänze wurden getanzt, ich jodelte zwischendurch zur Gitarre, und das Gelächter und Geschrei hallte durch das weite Serail.

Im Sommer gab es drei Monate Schulferien. Schon im ersten Jahr beschlossen wir, daß Erika mit den Kindern nach Hause fahren und die Ferien in unserem kleinen Haus im Schwarzwald verbringen sollte, während ich dann nachkommen und meinen vierwöchigen Urlaub mit ihnen verbringen wollte. Unser Helmut, der Mann für alles, fuhr die Familie heim. Als ich vier Wochen später zu Hause angekommen war, machte ich mich frisch; meine Frau hatte den Kindern gesagt, sie sollten um halb fünf zum Kaffee zu Hause sein. Unsere 7jährige Caroline spielte mit anderen Kindern auf der Straße. Um die Zeit nicht zu verpassen, schaute sie auf die Turmuhr. Im selben Augenblick kam ein Mercedes um die Ecke. Sie sah ihn, und in ihrem Schrecken rannte sie nicht zurück, sondern in den Wagen hinein, der quer über sie hinwegfuhr und sie noch zwölf Meter unter den bremsenden Hinterrädern mitschleifte. Die Nachbarn kamen zu uns gelaufen und schrien: »Ihr Kind liegt tot auf der Straße draußen!«

Als ich hinausgerannt war und sie untersucht hatte, fühlte ich, daß noch Leben in ihr war, obwohl sie zu einem fast unkenntlichen Bündel von Fleisch und Blut zusammengequetscht war. Wir luden sie in unseren Kombi, und Erika und ich rasten mit ihr zum Krankenhaus in die Stadt, wohin man schon telefoniert und unser Kommen angekündigt hatte, so daß alles zur Operation bereit war. Es war der gleiche Chirurg wie vor zwei Jahren bei Kais Arm, mein Schulkamerad. Diesmal gab es natürlich keine Diskussionen, denn wenn man etwas unternehmen wollte, war jede Minute kostbar. Schädeldach- und Schädelbasisbrüche, Schlüsselbein- und Rippenbrüche, Unterschenkelbruch und mit Gewißheit innere Verletzungen im Bauch. Blut kam aus den Lungen, Blut kam aus der Blase, Blut kam aus dem Darm, Blut kam aus den vielen Wunden am Kopf, an den Armen, den Beinen und am Rumpf. Ganze Stücke der Kopfhaut waren mitsamt den Haaren herausgerissen. Wir wußten kaum, wo wir anfangen sollten. So öffneten wir zuerst den Bauch. Er war voll Blut, die Milz war gerissen. Die Nieren waren gequetscht, die Röntgenaufnahme zeigte eine Lungenquetschung. Das bedeutete, daß große Teile der Lungenbläschen, zur Atmung bestimmt, voll Blut waren und für die Atmung ausfielen. Als wir nach Stunden mit der Operation, oder besser den Operationen, fertig waren, hatte sie einen Tubus in der Luftröhre, damit man das Blut absaugen und Sauerstoff in die Lungen pumpen konnte, einen Katheter in der Blase, damit das viele Blut aus den Nieren nicht die Harnröhre verstopfen konnte, zwei Drainageröhrchen im Bauch, einen Dauertropf in der Vene, einen Gips ums Bein.

Ein tagelanges Ringen um das Leben des Kindes setzte ein. Tag und Nacht saßen wir an ihrem Bett, saugten Blut, pumpten Sauerstoff, und warteten darauf, ob sie je aus ihrer tiefen Bewußtlosigkeit erwachen würde. Wir fragten uns, ob sie dann nicht einen Dauerhirnschaden davontragen würde. Niemand machte uns Hoffnung.

»Ihnen als Chirurg brauche ich wohl nicht zu sagen, daß kaum Hoffnung besteht«, sagte der Professor. »Sie sehen ja selbst, daß es so gut wie aussichtslos ist. Aber wir tun halt, was wir können, nur machen Sie sich auf das Schlimmste gefaßt.«

Wir wußten nicht, worum wir Gott bitten sollten, wir wußten es einfach nicht.

»So viele Jahre lang haben wir nun jeden Morgen, den Gott werden ließ, gebetet: ›Dein Wille geschehe‹«, sagte ich zu Erika, »jetzt ist der Zeitpunkt gekommen, wo Gott von uns wissen will, ob wir's auch so gemeint haben oder ob es bloß leeres Geplapper war.«

So beteten wir nicht: »Herr, erhalte sie uns« oder »Nimm sie zu dir, wenn sie nicht mehr gesund werden kann«, sondern wir sagten, wie Jesus es uns gelehrt hat: »Dein Wille geschehe«.

Daß sie am Leben geblieben ist und keinen bleibenden Schaden davongetragen hat, ist nicht nur für uns, sondern für alle, die es miterlebt haben, die Ärzte, die Schwestern, ein Wunder gewesen. In diesen schweren Wochen waren uns unsere lieben, guten Nachbarn eine unschätzbare Hilfe. »Bleiben Sie bei Ihrem Kind«, sagten sie, »wir kümmern uns um Ihre anderen Kinder, da seien Sie nur ganz ruhig.« Sie versorgten sie mit Essen, sie wuschen und bügelten die Wäsche, sie putzten das Haus, sie mähten den Rasen. Sie fuhren unsere Kinder zu uns ins Krankenhaus, sie legten sie ins Bett und beteten mit ihnen für ihre Schwester.

Wie steht doch in den Sprüchen Salomos: »Ein guter Nachbar ist mehr wert als ein Bruder in der Fremde«. Das haben wir erfahren dürfen. Wir denken noch heute voller Dankbarkeit an sie. Immer hatten wir gute Nachbarn, wo immer uns auch das Schicksal hinverschlagen hat. Gott möge es ihnen lohnen!

waren um. Das Ziel der Aufbauarbeit von »Brot für die
Welt« und »Dienste in Übersee« ist, daß man in drei Jahren
ein Projekt auf die Beine stellen soll und einheimisches Personal so heranbilden, daß man sich selber überflüssig macht.
Gelingt das nicht, dann werden noch einmal drei Jahre zugelegt. Steht das Projekt dann nicht auf eigenen Beinen, dann
kann man sich als Niete betrachten und wird nicht mehr angestellt. »Hilfe zur Selbsthilfe« ist die Devise von »Brot für
die Welt«.

In den zwei Jahren war unsere Aufgabe so gut wie gelöst:
Das Krankenhaus erstrahlte in neuem Glanz; niemand, der
es vorher gesehen hatte, hätte es wiedererkannt. Die Patienten strömten, wir waren voll belegt. Dr. Amin Abudaoud,
mein syrischer Assistent, oder besser Oberarzt, war sehr
tüchtig und konnte völlig selbständig operieren. Aber ihm
lag viel daran, daß ich länger bliebe, nicht so sehr aus fachli-
chen, sondern vielmehr aus organisatorischen Gründen.
»Unsere Leute lassen sich von einem Landsmann nicht so
viel sagen, wie von einem Ausländer. Für mich wäre es ideal,
wenn Sie noch recht lange blieben.«

Nun, ein Jahr hatten wir ohnedies noch abzuleisten laut
Vertrag. Da brach plötzlich der arabisch-israelische Krieg
aus. Die Oberin in Deutschland beorderte ihre Diakonissen
nach Hause, da sie befürchtete, sie würden interniert und
wären dann womöglich jahrelang zur Untätigkeit ver-
dammt, während man sie daheim so nötig brauchte. Wir als
Familie zögerten noch, was wir tun sollten: dableiben oder
heimfahren. In Absprache mit der deutschen Botschaft in
Damaskus beschlossen wir, so lange zu bleiben, wie keine
akute Kriegsgefahr für uns bestand.

Dann begannen die Israelis, ein riesiges Erdöllager in unserer Nähe zu bombardieren. Die Flammen loderten zum
Himmel, die Rauchschwaden färbten ihn schwarz. Neben
unserem Krankenhaus war ein syrisches Militärlager. Es
dauerte nicht lange, so kamen die Israelis auch hierher und

bombardierten es. Die Einschläge ließen die dicken Mauern unseres Serails erzittern: Der Krieg war da!

So machten wir uns denn auf die Flucht, und da wir kein Auto hatten, per Anhalter. Diese »Reise« habe ich in meinem Buch »Ein Landarzt erzählt« beschrieben. Wir beschlossen, Erika und die Kinder in Deutschland zu lassen, während ich, da der Krieg ja bereits zu Ende war, allein zurückfuhr, um meinen Arbeitsvertrag zu Ende zu erfüllen. Arbeitsmäßig gab es kaum Schwierigkeiten, obwohl das Fehlen der deutschen Fachkräfte natürlich fühlbar war. Aber das arabische Personal, welches anfangs so renitent gewesen war, setzte seinen ganzen Ehrgeiz darein, den Krankenhausbetrieb auch ohne die Deutschen aufrechtzuerhalten, so daß sie ohne Murren wenn nötig auch zwölf und vierzehn Stunden arbeiteten. Jedoch ergab sich eine andere Schwierigkeit, mit der ich nicht gerechnet hatte: die Finanzen. Wir waren nämlich von der Regierung verpflichtet, zehn Prozent der Patienten unentgeltlich zu behandeln. Die armen Patienten mußten sich auf dem Landratsamt, beim Mudir Montaqa (Landrat), einen Armenschein besorgen und den bei uns bei der Aufnahme abgeben. Nun kamen aber von allem Anfang an Leute, die keineswegs arm schienen, mit jeder Menge Goldschmuck angetan, und gaben ihren Armenschein ab, den ihnen wohl irgendein auf dem Amt beschäftigter Verwandter oder Freund, vielleicht »geschmiert«, ausgestellt hatte. Zusätzlich zu diesen »reichen Armen« kamen dann noch die wirklich Armen in Lumpen ohne Schein, und wenn wir sie aufs Amt schickten, um sich den abzuholen, kamen sie zurück und sagten, man habe ihnen den verweigert. Ich brachte es nicht übers Herz, sie wegzuschicken, wenn es sich um Leben und Tod handelte, wie z. B. bei einer Geburt oder einem eingeklemmten Bruch o. ä. Deshalb hatte ich dauernd mit dem Verwalter Streit; denn er war der Synode verantwortlich, daß das Krankenhaus ja nicht wieder zum Zuschußbetrieb würde. »Wie kann man denn in einem Missionskrankenhaus todkranke Leute wegschicken, bloß weil sie kein Geld haben?« sagte ich wie-

der und wieder. »Soll ich sie vielleicht vor dem Krankenhaustor verenden lassen?« »Mir egal«, meinte er, »machen Sie,
was Sie wollen, ich bin jedenfalls der Synode verpflichtet, daß
die Kasse stimmt.«
So zapfte ich denn in Deutschland alle möglichen Stellen an,
um das Geld für die Armen zusammenzubringen. Und es gelang mir auch, den Laden während der etwas mehr als zwei
Jahre meines Dortseins über Wasser zu halten.
Nun kamen aber keine Gelder mehr, da ja bekannt war, daß
die Deutschen – vielleicht aus schlechtem Gewissen gegenüber den Juden – ihre Sympathien auf die Seite Israels geschlagen hatten. So wollte niemand mehr für ein arabisches
Krankenhaus Geld spenden. Ich beschloß also, noch einmal
heimzufahren, um neue Geldquellen aufzutun oder eben bei
Nichtgelingen daheimzubleiben, da ich ohne Spendengeld
einfach nicht arbeiten konnte. Es gelang nicht, und ich blieb
daheim, zumal meine Frau eine Krebsoperation hatte und ja
niemand wissen konnte, wie es ihr weiter ergehen würde.
»Dienste in Übersee« und »Brot für die Welt« entbanden
mich von meinem Vertrag, und da mein Dreijahresauftrag in
zwei Jahren erfüllt war, gab es um so weniger Schwierigkeiten.
Zu Hause fanden wir unseren Munir vor, der mitten in seiner
Ausbildung war. Was tun?
»Ich gehe nicht ohne mein Examen nach Hause, lieber ver-
hungere ich auf der Straße«, meinte er. Sein Bruder Auni, der
in der Zwischenzeit an Krebs gestorben war, hatte mir auf
dem Totenbett ans Herz gelegt, ihn nicht im Stich zu lassen,
denn er hatte ihm ja die Ausbildung finanziert gehabt. Nachdem wir in unserem jetzigen Wirkungsbereich Fuß gefaßt
hatten, nahmen wir ihn bei uns auf. Platz war ja in dem riesigen alten Doktorhaus genug, und brauchen konnten wir ihn
in der Praxis bestens. Als er nach bestandenem Examen nach
Hause wollte, stellte sich heraus, daß das Nebker Krankenhaus inzwischen verstaatlicht worden war, da die Synode sich
diesen Ballast nicht länger aufladen wollte. Und alle christ-

lichen arabischen Angestellten, Schwestern, Röntgenassistent etc. waren auf die Straße gesetzt worden. So hatte es für ihn keinen Sinn heimzugehen, denn nach Aunis Tod hatte er keine Familie mehr. Da MTAs noch knapp waren zu der Zeit und es noch kaum Laborgemeinschaften gab, suchte ich um seine Arbeitsbewilligung nach, die er auch anstandslos bekam. So ist er bei uns geblieben bis auf den heutigen Tag, gehört bei uns zur Familie und ist das lebendige Bindeglied zu unserem »Wüsten-Abenteuer«.

Ein Gastmahl beim Mufti

Ein Mufti ist im Islam das, was bei den Christen ein Bischof ist. Der Mufti des Qalamun-Distrikts hatte seinen Sitz in Nebk, unserem Städtchen. Wie ich schon früher erwähnt habe, kamen gleich nach unserer Ankunft alle Honoratioren des Städtchens, darunter auch der Mufti, zu Besuch, um uns willkommen zu heißen. Er, Abu Hafis mit Namen, trug natürlich auch die arabische Tracht, nur etwas abgewandelt: Die Galabieh, das lange Hemd, war nicht weiß, sondern grau, und auf dem Kopf trug er nicht die Hattah und den Agaal, das Kopftuch mit den zwei schwarzen Ringen, sondern eine Art Turban, so daß man schon an seiner Kleidung erkennen konnte, daß er etwas Besonderes war. Obwohl noch gar nicht alt, hatte er einen langen grauweißen Vollbart. Seine Frau, eine muntere Mittvierzigerin, war zu unserer Verwunderung nicht verschleiert. Wir erfuhren später, daß nicht der Koran den Schleier der Frauen vorschreibt, sondern daß die Verschleierung eine reine Modesache ist und oft in zwei benachbarten Orten ganz verschieden gehandhabt wird. In einem Ort bedeckt der Schleier das ganze Gesicht, im anderen läßt er die Augen frei, wieder in einem anderen wird überhaupt von keiner Frau ein Schleier getragen. So in Nebk, deshalb war auch die Muftifrau unverschleiert.

Wir waren erstaunt, daß ein islamischer Mufti einen christ-

lichen Mission... bewilll......... Aber wir sollten bald
zu unserer größten Überraschung herausfinden, daß hier in
Nebk Muslime, Christen und sogar Juden in schönster Harmonie zusammenlebten. Ja, man könnte sogar sagen, daß
sich die Muslime mit den Christen besser vertrugen als die
verschiedenen christlichen Denominationen: griechisch-or-
thodox, römisch-katholisch, syrisch-katholisch und evange-
lisch untereinander.

So machen an den hohen Festen wie Weihnachten und Ostern
die Muslime bei den Christen ihre Besuche, um ihnen ein fro-
hes Fest zu wünschen, und wenn die Muslime ihren Ramadan
haben, gehen die Christen zu ihnen und bringen ihre Glück-
wünsche an.

Die Frau des Mufti war schon als Patientin bei mir gewesen.
Sie hatte sechs erwachsene Söhne, von denen einige schon ihr
Universitätsstudium absolviert hatten, die anderen noch stu-
dierten. Dies erschien mir in Anbetracht ihres jugendlichen
Aussehens schier unglaublich, aber sie sagte mir, daß sie
schon mit fünfzehn Jahren geheiratet habe und mit sechzehn
Mutter geworden sei. Nun wollte die Mufti-Familie uns einmal zum Essen einladen. Wenn ich in der Überschrift »Gastmahl« gesagt habe, so ist das durchaus berechtigt. Die Araber
sind unglaublich gastfreundlich, und wenn sie jemanden einladen, so ist das nicht nur zu einem einfachen Essen, sondern
es muß durchaus ein Gastmahl mit unzähligen Gängen sein.
Da steht dann nicht nur die Hausfrau, sondern alle verfügba-
ren weiblichen Familienmitglieder, oder falls keine da sind
die Nachbarinnen, vom frühen Morgen an in der Küche und
kochen, brutzeln und backen. Es ist eine unglaubliche Vielfalt
von Speisen, und kein Ding wird in seinem natürlichen Zustand gelassen, sondern Gelberüben, Zucchini, Gurken, To-
maten, Kürbisse und was sonst noch alles werden ausgehöhlt
und mit etwas anderem gefüllt, mit Reis oder mit Fleisch,
Nüssen oder Nudeln. Reis wird mit Pinienkernen oder Pista-
zien gekocht, zum Schluß werden geröstete Nüdelchen dar-
untergemischt. Diese Mischung wird oft in gekochte Wein-

traubenblätter gewickelt, das sieht dann wie kleine Würstchen aus. Zu jedem Gang gibt es Leban, saure Milch bzw. Quark, und frische Pfefferminzblätter. Da das Essen unvorstellbar fett ist, sollen diese beiden Zutaten bei der Verdauung helfen. Ist es ein stilechtes, also nicht europäisiertes Gastmahl, dann wird alles nicht auf einzelnen Tellern, sondern auf einem riesigen verzinnten Kupferteller mit herrlichen Ziselierungen serviert, der Reis als Berg, und obendrauf ein gebratenes halbes Lamm. Dieser Riesenteller steht dann auf dem Fußboden auf einer schönen, kunstvoll geflochtenen Strohmatte, und alle sitzen im Schneider- oder auch Arabersitz mit gekreuzten Beinen darum herum und essen nicht mit Messer und Gabel, sondern sie schaufeln ihr Essen mit einem Stück Chobbes, der arabischen Brotflade, das sie abreißen, heraus und essen den Inhalt zusammen mit dem Brot. Der Gastgeber oder einer seiner Söhne wäscht sich vor aller Augen die Hände und zerteilt dann das gebratene Lamm oder Geflügel oder was immer mit den Händen in einzelne Portionen, die sich dann jeder Gast, ebenfalls mit den Fingern, nimmt und verspeist. Zu trinken gibt es natürlich keinen Alkohol, sondern stark gesüßten Schwarztee und Wasser, wenn das Mahl beendet ist, den berühmt-berüchtigten Ahwe murrh, den Bitterkaffee, mit Kardamomsamen gallebitter gemacht, so daß man kaum mehr als einen kleinen Schluck trinken kann. Ist es Mokka, dann wird der ebenso wie der Tee stark gesüßt.

Als wir beim Mufti eingeladen waren, hatten wir schon einige Einladungen bei Arabern hinter uns und einige Erfahrung, wie man sich da benimmt. Womit wir aber ganz und gar nicht gerechnet hatten, war, daß sich das ganze Zeremoniell des Gastmahls genau wie bei allen anderen abspielen würde:

Die ganze Gesellschaft bestand nur aus Männern, meine Frau, ausdrücklich eingeladen, war das einzige weibliche Wesen, das sich im Zimmer befand. Weder die Hausfrau selbst noch irgendein anderes weibliches Wesen war zur Begrüßung anwesend.

Nach dem üblichen »Ahlanwuuahlan, ahlan, ahlan« (Will-
kommen), »Kif saha« (wie geht's?), »Inshallah mabsuut«
(Gott sei Dank, gut), »Shukran, shukran« (Danke für die Ein-
ladung), wurde zu Tisch gebeten. Uns zu Ehren wurde auf
Stühlen um einen Tisch und von Tellern gegessen. Da öffnete
sich die Tür einen Spalt, genau so weit, daß ein Arm die
Schüssel mit dem Essen durchreichen konnte, die dann vom
Hausherrn abgenommen und auf dem Tisch plaziert wurde.
So ging es das ganze Gastmahl über, und wenn etwas fehlte,
dann klingelte der Mufti, worauf der geheimnisvolle Arm
durch den Türspalt erschien und das Gewünschte herein-
reichte. Ich fragte einige der miteingeladenen englischspre-
chenden Gäste, wer denn diese geheimnisvolle Person wohl
sei. »Wer schon? Die Hausfrau natürlich!«
Da war ich doch sprachlos. Ich hatte die Frau schon Dut-
zende von Malen gesehen, unverschleiert, ja hatte sie sogar
als Arzt untersucht, hatte gedacht, sie sei eine weltaufge-
schlossene moderne Person, und nun durfte sie mich in ihrem
eigenen Hause weder begrüßen noch überhaupt sehen! So
streng sind diese altgewohnten, seit Jahrhunderten oder gar
Jahrtausenden geübten Sitten und Gebräuche!
Mir wurde es nach solch einem arabischen Gastmahl meistens sterbensschlecht, es war für meinen Magen alles zu fett.
So versuchte ich, mich vor solchen Einladungen nach Möglichkeit zu drücken oder sie wenigstens auf eine Tee- oder
Kaffeevisite zu reduzieren.
Mit dem Mufti und seiner Familie bin ich aber bis zu unserem
Weggang gut befreundet geblieben, zumal sein Sohn als Assistent bei mir im Krankenhaus arbeitete. Als unser Munir
Jahre danach hier heiratete und in unserem Hause die kirchli-
che Trauung war, war auch der Mufti und seine Frau dabei,
denn Munirs Vater war ja seinerzeit der evangelische Pfarrer
von Nebk gewesen, also ein Asis (Ehrwürden), und so war es
für den Mufti eine selbstverständliche Ehrenpflicht, bei der
Hochzeit seines Sohnes dabeizusein, selbst in Deutschland!

Verloren

Unsere Patienten am Krankenhaus von Nebk kamen nicht nur aus dem Städtchen und den umliegenden Dörfern, sondern auch von weit her aus der arabischen Wüste.

Ein vornehmer Scheich war gestorben, und da wir uns viel Mühe mit ihm gegeben hatten, wurden wir zur Beerdigung eingeladen. Anders als bei uns ist bei den Naturvölkern in allen Erdteilen, gleich welcher Religion sie angehören, der Tod eines alten Menschen keine Katastrophe, die man unbedingt hinausschieben und vor der man die Augen verschließen muß. Kranke ins Krankenhaus abschieben, wenn man den Tod herannahen sieht, wie es bei uns oft der Fall ist, kommt gar nicht in Frage. Im Gegenteil. Man bringt den Kranken ins Krankenhaus, so lange noch Hoffnung ist, daß ihm geholfen werden kann. Sieht es aber nach Sterben aus, dann fragt man den Doktor: »Ist noch Hoffnung?« Und wenn er verneint, heißt es: »Dann nehmen wir ihn nach Hause.« Dort sitzt dann die ganze Großfamilie ums Bett, und der Sterbende freut sich, daß er eine große und angesehene Nachkommenschaft hinterläßt. Er fühlt, daß er nicht umsonst gelebt hat.

Obwohl wir uns von einer Beerdigung nicht gerade eine Gaudi versprechen konnten, waren wir doch neugierig, wie sich so eine Beerdigung in der Wüste abspielt. So fuhren wir, meine Frau und ich, die Oberin und Helmut, unser Fahrer, miteinander los in die Wüste. Es war keine asphaltierte und befestigte Straße. Nichts als ein breiter Weg, durch viele Fahrzeuge im Laufe der Zeit hartgewalzt, immer geradeaus, durch Täler und über Berge, rechts und links, vor und hinter uns nichts als Wüste, Wüste, Wüste. Kein Baum, kein Strauch, kein Gras und kein Kraut. Dann, nach ein paar Stunden Fahrt, am Horizont ein grüner Fleck, in der Sonne flimmernd. Eine Fata Morgana? Nein, schon bald sahen wir, daß wir uns der Oase näherten. Weidende Kamel-, Ziegen- und Schafherden mit ihren Hirten in der landesüblichen Arabertracht.

Dann waren wir im Dorf. In der Mitte die Oase, ringsherum die Höfe, alle mit hohen Lehmmauern umgeben, so daß von außen kein neugieriges Auge hineinblicken konnte. Dazwischen nur ganz schmale Wege, die man nur zu Fuß begehen konnte, denn der Oasenboden ist zu kostbar, als daß man ihn für Straßen verschwenden könnte.

Kam man in solch einen Hof, dann traute man seinen Augen nicht: Aprikosenbäume voll gelber Früchte und mit saftig grünem Laub, in der Mitte ein Springbrunnen. Rings um den Innenhof die Gebäude mit den Wohn- und Schlafzimmern der Großfamilie, alle aus gelbem Lehm. Über dem ganzen Innenhof waren wie ein grünes Dach an einer Pergola Weinreben hochgezogen, und die herrlichsten Trauben hingen herab, fast in den Mund hinein. Anspruchslose Blumen – Zinnien und Ringelblumen – in buntem Flor umgaben in Rabatten den Springbrunnen. Überall hingen Hängematten: Ein Bild des Friedens.

Der Hof unseres verstorbenen Patienten war besonders prächtig und geräumig. Zuerst bot man uns Gelegenheit zum Waschen und zum Wechseln der verstaubten Kleider. Dann gab es erfrischende Getränke, dazu den echten arabischen Kaffee »Ahwe myrrh«, der nur in winzigen Schälchen kredenzt wird. Er ist mit Körnchen von Kardamom, einem Gewürz aus Ingwersamen, gallebitter gemacht und so stark, daß man selten mehr als einen Schluck davon trinkt. Wünscht man keinen zweiten Schluck, dann hält man die kleine henkellose Schale zwischen Daumen und Mittelfinger und macht eine schüttelnde Bewegung: Danke, ich habe genug.

Eine Menge Gäste hatte sich im Hof versammelt, die alle auf die gleiche Weise bewirtet wurden.

Nun begann die Zeremonie. Etwa zwanzig schwarzgekleidete und tief verschleierte Klageweiber waren für Geld angestellt, um die Totenklage zu erheben. Eine von ihnen fängt mit schriller Stimme an, im Singsang ein Loblied auf den Toten zu singen. Nach jedem Satz fallen die anderen ein mit einem ohrenbetäubenden Jammern und Klagen, Schluchzen und Heulen, daß ein Unerfahrener meinen könnte, es sei eine echte Trauer und keine bezahlte. Danach singt die zweite Frau ihr Loblied, neues Geheul, und so fort und fort, bis alle an der Reihe waren, schier eine Unendlichkeit lang.

Unsere Arabischkenntnisse waren noch nicht so fortgeschritten, daß wir alles verstehen konnten. Ein Gast, der Englisch konnte, übersetzte für uns, und so erfuhren wir, ein wie unglaublich guter und tugendhafter Mensch der Tote gewesen war. Endlich nahmen die Totenklagen ein Ende, und der Zug zum Friedhof hinaus formierte sich. Auf dem Wege dahin jammerten nun nicht nur die Klageweiber, sondern die ganze Trauerversammlung. Hier wurde ich lebhaft an die wilden Indianer in Südamerika erinnert, bei denen jede öffentliche Bezeugung von Schmerz oder Trauer geradezu ehrenrührig ist. Will man ihnen beim Tode eines Angehörigen sein Beileid bezeugen, dann richten sie nur stumm die Augen gen Himmel: Der Tote ist gut aufgehoben!

Der Friedhof in der Wüste, natürlich außerhalb der Oase, war ein öder, kahler Platz. Zu unserer Überraschung wurde der Sarg nicht in die Erde versenkt, sondern auf ebener Erde abgestellt. Dann begannen ein paar Maurer, aus Feldsteinen und Mörtel ein Gehäuse darüber aufzubauen. Der ganze Friedhof bestand aus Hügelgräbern. Ich erfuhr, daß dieser Brauch verhindern soll, daß die Tiere der Wüste, Schakale oder Füchse und Wölfe, die Leiche aus der Erde scharren. Nach der Begräbniszeremonie zog der Trauerzug wieder zum Haus des Toten zurück, wo alsbald der Leichenschmaus stattfinden sollte.

Mittlerweile war es aber schon spät geworden, und ich machte mir Sorgen, was daheim am Krankenhaus in der Zwischenzeit alles passiert sein konnte. So hatte ich keine Ruhe, an einem stundenlangen Essen teilzunehmen, und ich bat die Trauerfamilie, uns zu entschuldigen. Das war aber ein grober Verstoß gegen die guten Sitten, und unser Dolmetscher brachte uns bei, daß dies die größte Beleidigung für die Familie sei. Ich bat ihn, der Familie doch klarzumachen, daß das

ganze Krankenhaus ohne Arzt sei und ich einfach kein gutes
Gewissen habe, wenn ich so lange fortbliebe. So wurden uns,
wenn auch unter großem Protest, Essenspakete für die Heimfahrt fertiggemacht: Schafsbraten und Chobbes, das arabische Fladenbrot, dazu Weintrauben und Aprikosen. Wir
füllten aus unseren Reservekanistern Benzin in den Tank und
fuhren los, nachdem wir uns unter vielen Verbeugungen verabschiedet hatten.

Wir fuhren zum Dorf hinaus, und bald waren wir wieder in
der kahlen, öden Wüste. Wir fuhren und fuhren und fuhren.
Ringsum sahen wir kein noch so kleines Merkmal, an dem
wir uns hätten orientieren können, ob wir auf dem rechten
Wege waren. Erst als wir merkten, daß unser Tank leer
wurde, kamen wir auf den Gedanken, daß wir zum falschen
Dorfende hinausgefahren sein mußten. Anstatt nach Hause,
waren wir in die entgegengesetzte Richtung, in die Wüste hinein, gefahren! Vor uns lagen Tausende von Kilometern von
Wüste, und wir hatten nicht die geringste Ahnung, ob und
wann da jemals noch ein Ort kommen würde. Unbarmherzig
brannte die Sonne vom Himmel herab. Unsere beiden Damen
begannen, nach und nach »Striptease« zu machen, da es in
den schwarzen Trauerkleidern nicht auszuhalten war. Der
Tank war leer, die Kanister waren leer. Zurück zu marschie-
ren, mußte wenigstens einen Tagesmarsch bedeuten, und was
vor uns lag, wußten wir nicht. Wasser hatten wir auch keines.
Ratlos standen wir da. »Wenn wir gar nichts machen, kommen wir hier vor Durst um«, sagten wir uns. »Am besten wird
es sein, die Damen bleiben im Auto, wo sie wenigstens ein
wenig Schatten haben, und wir beide nehmen die Kanister
und machen uns auf den Weg zurück. Irgendwann werden
wir ja, und wenn auch nur einer von uns, ankommen.«

Helmut und ich marschierten also los. Als wir so weit fort
waren, daß wir das Auto nicht mehr sehen konnten, wer kam
uns da entgegen? Ein Araber auf einem Fahrrad, seine Galabieh hochgeschlagen und in den Gürtel gesteckt, barfüßig
kräftig die Pedale tretend! Der Anblick war so komisch, daß

wir unsere vorhin noch so verzweifelte Lage vergaßen und lauthals loslachten. Dem guten Mann machten wir klar, in welcher Kalamität wir uns befanden. Wir baten ihn, mit unseren beiden Kanistern zur nächsten Tankstelle zu radeln und uns Benzin zu besorgen, während wir gemächlich zu unseren Damen zurückmarschierten.

Eine geraume Zeit war vergangen, der Araber kam und kam nicht, und der Tag begann sich seinem Ende zuzuneigen. In südlichen Breiten gibt es ja so gut wie keine Dämmerung, die Nacht bricht ganz plötzlich herein. Wir machten uns auf eine Nacht in der Wüste gefaßt. Da zeigte sich am Horizont eine Staubwolke. Menschen, Tiere? Irgend etwas mußte es sein! Nach einer Weile erkannten wir eine Autokarawane, die eine dichte Staubwolke aufwirbelte. Es waren die Trauergäste, die sich inzwischen satt gegessen hatten und auf dem Heimweg waren! Es kamen also noch menschliche Behausungen in unserer falschen Richtung! Die Karawane hielt an. Alle wären gerne bereit gewesen, uns mit ein paar Litern Benzin auszuhelfen, aber keiner hatte einen Kanister bei sich, und unsere beiden hatten wir dem Fahrradaraber mitgegeben. Da war guter Rat teuer. Schließlich fand einer ein Stück Schlauch, wir fuhren die Autos so dicht nebeneinander, daß man Benzin aus dem einen Auto saugen und sofort in unseres füllen konnte, wobei manch einer einen Mund voll Benzin bekam und voller Abscheu ausspuckte.

Die ganze Gesellschaft war sich darin einig, daß dies unsere Strafe dafür war, daß wir die guten Sitten mißachtet und die Gastfreundschaft verletzt hatten.

Als wir auf dem Rückweg unser Oasendorf passierten, kehrten wir noch einmal im Trauerhaus ein und erzählten, was uns widerfahren war. Diesmal ließ man uns nicht unbewirtet ziehen. Wir holten den Leichenschmaus nach und tankten auch unsere ausgedörrten Leiber voll. Der Heimweg verlief ohne Zwischenfälle, aber es war tief in der Nacht, als wir zu Hause ankamen. Wir dankten Gott, daß wir bei diesem Abenteuer so glimpflich davongekommen waren.

Bei uns daheim wurde kein trockenes Stück Brot weggewor-
fen, nicht einmal ein »Knäusle« – das Ende vom Brotlaib –, es
wurde am Samstag die berühmt-berüchtigte schwäbische
»Brotsupp'« bereitet. Bei armen Leuten wurde kochendes
Wasser über die Brotschnitten gegossen, ein wenig Salz dazu
getan, und fertig war das Samstagsessen. Meine Mutter
machte es etwas vornehmer, sie nahm Fleischbrühe statt
Wasser, verquirlte die aufgeweichten Schnitten und tat noch
einen oder zwei Löffel voll sauren Rahm dazu. An besonde-
ren Tagen wurde noch ein Übriges getan, indem man ein oder
zwei Saitenwürstchen in kleine Scheiben schnitt und in die
Brotsupp' tat.

Wir Kinder gingen in die Fremde, die Brotsupp' war vergessen. Aber als wir nach vielen Jahren wieder nach Hause kamen, war meine Mutter ihrer alten Gewohnheit treu geblieben und aß am Samstag immer noch ihre Brotsupp'.

»Mutter«, versuchte ich ihr zu erklären, »iß doch nicht immer Brotsupp'. Erstens bist du jetzt nicht mehr so arm, daß du
das nötig hast, zweitens sollen alte Leute möglichst viel Ei-
weißkost essen und nicht immer nur Kohlehydrate.« Aber sie
war nicht davon abzubringen. »Ich habe zwei Weltkriege und
zwei Hungersnöte überlebt«, meinte sie, »ich tät' mich der
Sünde fürchten, wenn ich ein Stück Brot wegwerfen würde.
Außerdem, wenn ich mir ein Saitenwürstchen hinein-
schneide, dann habe ich doch Eiweiß, oder? Na also!«

Die Jahre vergingen, Mutter wurde alt, sehr alt. Wir lebten in
Syrien, im Antilibanon, und sie bekam große Lust, uns zu
besuchen. Mit neunundachtzig Jahren flog sie nach Damaskus, wo wir sie abholten und zu uns hinauf in den Qalamun
brachten. Auf der Paßhöhe, 1800 m hoch, hatten wir ein
herrliches Klima. Selbst im Sommer wurde es nie sehr heiß,
dafür aber im Winter ziemlich kalt. An mindestens 350 Tagen im Jahr schien die Sonne von einem tiefblauen Himmel.
Obwohl es fast nie regnete, hatten wir immer Wasser genug.

Es wurde aus hundert Metern Tiefe heraufgepumpt und stammte aus der Schneeschmelze der ewig mit Schnee bedeckten Libanonberge. Meine Mutter genoß die fremde Umgebung sehr. Besonders angetan war sie von der Ehrerbietung, welche die Araber alten Leuten gegenüber zeigten. Wir machten auch Ausflüge an viele biblische Stätten, die man in kurzer Zeit erreichen konnte. Aber ihr größter Wunsch war doch, Jerusalem zu sehen und die biblischen Stätten zu besuchen, deren Namen ihr von Kindheit an vertraut waren. »Wo ich jetzt schon einmal so nah' da bin, will ich nicht nach Hause, ohne Jerusalem gesehen zu haben«, sagte sie wieder und wieder.

»Mutter«, meinte ich beschwichtigend, »so nah ist das gar nicht. Es sind immerhin sechshundert Kilometer, die wir durch die Wüste fahren müssen, und das in der größten Augusthitze. Traust du dir das wirklich zu?«

»Pah, sechshundert Kilometer, das schaffen wir doch mit dem Wagen leicht in einem Tag! Los, laß uns fahren!«

Wir fuhren also los, Mutter, ich, Cornelius und Helmut, unser »Mann für alles«, als Fahrer und gelernter Automechaniker, für den Fall, daß wir unterwegs eine Panne hätten.

Schnurgerade ging der Trans-Desert-Highway durch die Wüste, die schwarze Asphaltstraße durch die gelbe Wüste. Monoton ohnegleichen. Aber Mutter fand das furchtbar interessant. »Das ist doch mal was anderes als bei uns daheim im Schwarzwald immer nur durch den Wald fahren«, meinte sie immer wieder. Wir kamen ans Tote Meer. »Was? Das ist das Tote Meer? Da haben wir in der Schule gelernt, daß man sich aufs Wasser legen und Zeitung lesen kann. Los, zieht euch aus und probiert es einmal.«

Cornelius und ich zogen uns also Badehosen an und stiegen in das salzige Wasser, nicht ohne eine Zeitung mitzunehmen. Und siehe da: Es stimmte! Man lag, ohne zu schwimmen, seelenruhig auf dem Wasser und konnte Zeitung lesen. Hinterher hieß es natürlich, das salzige Wasser unter eigens dafür aufgestellten Duschen abzuspülen, und Mutter meinte verwundert: »So stimmt das also wirklich und wahrhaftig, ich habe immer gedacht, das sei verlogen.«

In Jerusalem angekommen, fanden wir in einem Hospiz Unterkunft, und am anderen Tag ging es dann an die Besichtigung der Stadt, soweit sie auf jordanischem Gebiet lag. Denn da wir in einem arabischen Land wohnten, hätten wir mit einem israelischen Stempel im Paß nicht wieder zurückgekonnt. Aber gerade im jordanischen Teil der Stadt gab es die meisten wichtigen Stätten: Gethsemane, Ölberg, Jesu Grab, Golgatha, so daß Mutter voll auf ihre Kosten kam. Sogar in Bethlehem, auf dem Hirtenfeld, waren wir. Nur leider ist Jerusalem, die »hochgebaute Stadt«, sehr mühsam, da es immerzu bergauf, bergab geht. Was Wunder, daß Cornelius und ich die Großmutter mit ihren neunundachtzig Jahren zuletzt mehr schleppen als führen mußten, zumal es im August glühend heiß war. Ein ums andere Mal fragte sie: »Sind wir noch nicht bald da?«

»Wo denn?«

»Da, wo wir hinwollten!«

»Du wolltest doch nach Jerusalem, und jetzt sind wir mitten in Jerusalem.«

Es hätte noch vieles zu sehen gegeben, aber wir gaben auf.

Zur Essenszeit gingen wir auf Helmuts Rat in ein Restaurant, das, von italienischen Franziskanern betrieben, nicht nur billig, sondern auch sauber sein sollte. An einer langen Gästetafel nahmen wir Platz, und ein Ordensbruder fing an, zu servieren, ohne uns lange nach unseren Wünschen zu fragen. Plötzlich fing Cornelius an zu kichern und zu prusten.

»Was lachst du denn?« fragte ich.

»Vater, guck doch mal, was es da gibt!«

Und – kaum zu glauben: Es war Brotsuppe!

Als Mutter das spitzgekriegt hatte, meinte sie schüchtern: »Ach nein, Brotsupp' kann ich daheim essen, deswegen bin ich nicht extra nach Jerusalem gepilgert.«

Der Asthma-Scheich

Auf dem Krankenhaushof in Nebk fuhr eines Tages ein Cadillac vor. Ein schwarzer Chauffeur sprang heraus und riß die Türen auf. Zuerst entstieg dem teuren Gefährt ein Hüne von Araber im Nationalgewand, nach ihm quollen nacheinander einige tiefverschleierte Frauen in kostbaren, bodenlangen Gewändern aus Brokat heraus, verhüllt bis auf einen Augenschlitz. An den Armen hatten sie viele goldene Ringe. Sie hatten vier lange schwarze Zöpfe, zwei vorn, zwei hinten hinunterhängend. An den Füßen goldene Sandaletten: Ein Anblick wie aus Tausendundeiner Nacht! Wie zu vermuten, war der Araber ein steinreicher Scheich. Er kam als Patient zu mir. Ich erfuhr, daß er an Bronchialasthma leide und schon bei wer weiß wie vielen Ärzten gewesen sei, sogar an der amerikanischen Universität von Beirut im Libanon, aber niemand habe ihm bis jetzt helfen können.

Nun hatte er gehört, daß am Nebker Krankenhaus ein deutscher Arzt sei, und so wollte er auch bei mir sein Glück versuchen und sehen, ob vielleicht ich ihm helfen könne.

Mit weit aufgesperrten Mündern standen unsere Kinder auf dem Hof und gafften. Aber sie meinten enttäuscht: »Das ist doch nichts, mit einem Cadillac, auf Kamelen müßten die kommen, dann wär's was!«

In der Tat mutete uns diese Verquickung von uralter Tradition in den Gewändern der Vorfahren mit der raffinierten Technik der Jetztzeit geradezu grotesk an.

Da es in unserem kleinen armseligen Städtchen kein besseres Hotel gab, hatten wir am Krankenhaus für solche Patienten einige »Suiten«, bestehend aus dem eigentlichen Krankenzimmer, einem Empfangsraum für die immerzu herbeiströmenden Besucher, und einem Badezimmer mit WC. Der Kranke wurde also in seinem Zimmer untergebracht, während seine sechs oder sieben Frauen im Vorzimmer Matten auf dem Fußboden ausbreiteten und sich des Nachts zum Schlafen darauf niederlegten, wie sie es zu Hause wohl auch taten. Der Chauffeur-Diener legte sich auf dem Korridor vor der Suite zum Schlafen nieder.

Bei Tage hatte der Diener nichts anderes zu tun als immerzu, pausenlos, Kaffee zu kochen und den zahllosen Besuchern anzubieten, wozu er auch mich rechnete, wenn ich meine täglichen Visiten am Morgen und am Abend machte.

Offenbar fand es der hohe Herr unschicklich, mich im Bett liegend zu begrüßen. So sprang er denn, sobald ich das Zimmer betrat, im Bett in die Höhe, machte mit über der Brust gekreuzten Armen seine vier, fünf Verbeugungen, immer sein »Ahlän, Ahlän« (Willkommen) wiederholend. Dabei schaute er, groß wie er war, aus zweieinhalb Metern Höhe auf mich herab, da die Krankenhausbetten aus pflegerischen Gründen ja sehr hoch sind. So von oben auf mich herabzuschauen kam ihm dann aber wohl auch nicht sehr passend vor, und so sprang er zuletzt aus dem Bett und fing die Begrüßungszeremonie vom Boden aus, also in gleicher Höhe mit mir, von vorne an. Meine Krankenschwestern, die mich auf der Visite begleiteten, freuten sich alle Tage auf dieses Zeremoniell.

Nun war ich ja Chirurg und kein Lungenspezialist, und so war es für mich höchst zweifelhaft, ob ich dem guten Manne würde helfen können. Während meiner langjährigen Tätigkeit im Ausland war es mir immer fatal, wenn mein Ruf als Deutscher mich mit der Gloriole des Alleskönners umgab. Ich fürchtete daher, meinen Emir (auf arabisch Amiir ausgesprochen) enttäuschen zu müssen. Zum Glück hatten wir aus Deutschland tonnenweise Medikamente mitgebracht, und so probierte ich aufs Geratewohl einige davon aus, bis ich tatsächlich eines gefunden hatte, das ihm half. Der Emir war begeistert. Bei seinem Abschied wollte er gleich eine ganze Menge davon mitnehmen, nur leider war unser Vorrat an diesem Medikament nicht sehr groß. So vereinbarten wir, daß ich aus Deutschland Nachschub für ihn bestellen solle, und er wollte in bestimmten Abständen seine Leute schicken, um es abzuholen.

So kam es, daß über einen langen Zeitraum immer zwei Ka-

melreiterstafetten durch die Wüste unterwegs waren – zwei
Mann hin, zwei Mann zurück –, die natürlich Wochen brauchten bis zu uns, um die Tabletten für den Scheich abzuholen.
So lange ich dort war, hat das Medikament geholfen, und der
hohe Herr war glücklich. Was später aus ihm geworden ist,
weiß ich nicht.

Faddal

Die höchste Lust und Freude aller Araber ist, Besuche zu machen oder zu empfangen und zu bewirten.
Kommt man als Neuzugereister an einen Ort, dann ist es
nicht wie bei uns üblich, daß man sich als Neuling bei den
Nachbarn oder Honoratioren vorstellt, also seinen Antrittsbesuch macht – heute auch schon etwas aus der Mode gekommen –, sondern man wird zur Begrüßung besucht und
willkommen geheißen. So strömten auch bei uns nach unserem Einzug tagelang Besucher ins Haus: der islamische
Mufti, der orthodoxe Priester, der katholische Pfarrer, der
Mudir Montaqa (Landrat), der Bürgermeister, der Polizei-
präfekt, der Kommandeur der Militärgarnison, der Direktor
des Gymnasiums und wer weiß was noch alles. Besucher und
kein Ende! So lernten wir in wenigen Tagen alles kennen, was
Rang und Namen hatte. Von unserem Verwalter, der immer
dabei war, um, wenn nötig, zu übersetzen, wurden wir in die
Sitten und Gebräuche des Landes eingeweiht. Dazu gehörte
auch, einem Besucher, falls er Anstalten zum Gehen machte,
eine Schale mit Bonbons oder Pralinen anzubieten und dabei
Faddal zu sagen (Bitte, bedienen Sie sich). Der Besucher
nimmt sich nur ein einziges Stück und verabschiedet sich unter vielen Verbeugungen. Später kriegten wir auch spitz, daß
man es umgekehrt machen kann: Möchte man, daß ein Besucher geht, wenn er einem auf die Nerven fällt, dann hält man
ihm das Schälchen hin und sagt ebenfalls: Faddal. Das heißt
dann in diesem Falle vornehm ausgedrückt: Geh heim! Ein

Besucher mit Taktgefühl nimmt sich sein Schokolädchen und geht.

Nun hatten wir eines Tages einen jungen Mann, einen Studenten, zu Besuch, der uns mit seinem endlosen Gelabere schrecklich auf die Nerven ging. Wir gähnten nach Herzenslust, wir gaben auf seine Fragen nur einsilbige Antworten, nichts half, der Mensch merkte einfach nicht, daß es Zeit war, zu gehen. Schließlich flüsterte ich Erika zu: »Hol doch das Faddal-Schoklädle, vielleicht kapiert er's dann.« Gesagt, getan. Aber als Erika es ihm hinreichte, meinte er tadelnd: »Madam! You must never do that! That means ›go home‹!« Und nachdem er uns auf diese Weise über die Anstandsregeln aufgeklärt hatte, blieb er sitzen und schwafelte weiter, bis uns vor Müdigkeit die Augen zufielen. Wir luden ihn ein, bei uns zu übernachten, weil wir ins Bett wollten, was er dann auch dankend annahm. Faddal!

Verstoßen

Immer, wenn ich in Nebk beim Frühstück am Morgen aus dem Fenster schaute und die Beduinen aus ihrem Zeltlager mit ihren Ziegen- und Schafherden, mit Eseln und Kamelen in die Wüste hinausziehen sah, fragte ich mich, wovon die Tiere da draußen wohl satt würden. Weit und breit war kein Baum, kein Strauch, kein Grashalm zu sehen, nichts als Wüste, kahle, öde Wüste, so weit das Auge blicken konnte. Die wenigen verdorrten Disteln, die hier und da verstreut wuchsen, unterschieden sich in der Farbe nicht von dem Sand. Und doch müssen sie, da sonst nichts wuchs, die einzige Nahrung für die Beduinenherden gewesen sein.

Die Hirten trugen noch, wie seit Jahrtausenden, Galabieh, Hattah und Agaal, das lange, hemdartige Arabergewand mit dem weißen oder karierten Kopftuch und den zwei darum geschlungenen schwarzen Ringen. »Es ist ein Bild wie aus der Bibel«, sagten meine Frau und ich, »man kann gar nicht glauben, daß wir uns im zwanzigsten Jahrhundert nach Christi Geburt befinden.«

Kam man einer solchen Herde näher, dann war das einzige, was störte und nicht dazu paßte, das Transistorradio, das jeder Beduine unter seinem Gewand trug und das unentwegt, pausenlos die für unsere europäischen Ohren gräßliche, monotone Arabermusik dudelte. Auch die traditionellen Lebensformen, das patriarchalische Familienleben hatten sich kaum geändert. Es gab unter den Muslimen noch viele Männer mit mehreren Frauen, und ich interessierte mich sehr, wie sich so eine Polygamie abspielt. Die häufigste Form, die ich gefunden habe, ist die, daß die erste Frau kein Kind bekommt. Sie liegt dann ihrem Mann so lange in den Ohren, daß sie Kinder möchte, daß er sich doch eine zweite Frau zum Kinderkriegen nehmen solle, bis er nachgibt und sagt: »Such du eine aus, du mußt nachher mit ihr zusammenleben und mit ihr auskommen.«

Dann nimmt sie meist eine ihrer Nichten, vierzehn- oder fünfzehnjährig, ins Haus. Diese wird dann vom Kadi ihrem Mann angetraut, und zwischen den beiden bleibt es dann ein Tanten-Nichtenverhältnis. Die erste Frau ist die Haupt- und Hausfrau, die das Sagen hat, und die zweite hat nur Kinder zu gebären, je mehr, desto besser. Diese Kinder werden dann von der Erstfrau als ihre eigenen betrachtet, genau wie bei Jakobs Frau Rahel, die ja auch ihrem Mann von ihrer Magd Kinder gebären ließ. Wird eines dieser Kinder krank, dann kommt nicht etwa die leibliche Mutter mit dem Kind ins Krankenhaus, sondern die »Hauptfrau«, und diese sitzt genauso aufopfernd und angsterfüllt am Bett des Kindes, wie wenn es ihr eigenes Fleisch und Blut wäre. Droht der jungen Frau eine Fehlgeburt, dann kommt die Erstfrau Arm in Arm mit ihr zum Krankenhaus und bittet den Doktor inständig, doch alles zu tun, um das Kind zu retten. Empfiehlt er körperliche Schonung, dann versichert die Erstfrau, sie werde alle Arbeit allein tun, damit die Schwangere sich hinlegen und schonen könne.

Immer geht es freilich nicht so schon und harmonisch zu. Oft genug kratzen sich die beiden Frauen schier die Augen aus. Streit gibt es aber niemals aus Eifersucht wegen des Ehemannes, sondern fast immer wegen der Kinder, falls beide welche haben. Da eine Kadi-Ehe genauso leicht geschieden wie geschlossen ist, gibt es auch viele Härten. So weinte einmal eine Frau, als sie bei uns das fünfte Mädchen geboren hatte, und sagte, ihr Mann habe gesagt, wenn sie diesmal wieder ein Mädchen bekäme, nähme er sich eine andere Frau, und wenn diese Knaben bekäme, sei die fortan die Hauptfrau. Sie könne von ihm aus gehen oder bleiben. Immer noch werden die Frauen vom Mann gekauft, und der Kaufpreis richtet sich nach Schönheit, Jugend, Bildung, Stand – reich oder arm –, und wird der Braut in Form von Goldarmreifen und -halsketten umgehängt. Dieser Goldschatz ist dann auch, falls eine Ehe scheitert, die Abfindung und die weitere Lebensversorgung der geschiedenen oder verstoßenen Frau.

Eine Frau kam in die Sprechstunde und hatte anstelle der Goldarmreifen und -ketten lauter Reifen und Ketten aus Aluminium umgehängt, nur einige wenige goldene waren verblieben. Bei jedem Goldring, den sie veräußern mußte, um leben zu können, hatte sie sich einen entsprechenden aus Aluminium umgehängt, damit man daran noch sehen konnte, eine wie reiche Braut sie einmal gewesen war!

Was ich hier geschildert habe, trifft natürlich nur auf Muslime zu, denn die Christen haben genau wie bei uns eine Einehe.

Eines Tages brachte man uns eine junge Beduinenfrau ins Krankenhaus. Lange Gewänder, bis zum Boden reichend, die Haare mit dem Kopftuch fest zugebunden und den Schleier vor dem Gesicht, konnte man auf den ersten Blick nicht sehen, ob sie jung oder alt, schön oder häßlich war. Als sie sich zur Untersuchung auszog, fand ich eine riesige Brandwunde, die sich vom Gesäß hinunter bis zur Ferse des einen Beines hinzog, furchtbar eiterte und entsetzlich stank, und die ihr natürlich unerträgliche Schmerzen verursachte. Man erzählte uns, daß sie diese Wunde schon seit über einem Jahr habe und seit dieser Zeit leidend in ihrem Zelt gelegen sei. Der Ehemann habe sich ihrer entledigt, da er mit so einer Frau »ja nichts anfangen könne«, und habe eine andere geheiratet. Schließlich hatten ihre Verwandten beschlossen, sie den weiten Weg durch die Wüste zu unserem Krankenhaus zu bringen, da es so ja nicht weitergehen konnte.

Es galt nun zuerst, die Wunde sauber zu bekommen, bevor man operativ etwas anfangen konnte, denn kein verpflanzter Hautlappen wäre in diesem Zustand angeheilt. Das dauerte Wochen, während der sie geduldig und ohne zu klagen im Bett lag. Den Schleier und das Kopftuch hatte sie abgelegt, da die anderen Frauen im Saal auch keinen trugen, und man sah nun erst, welch schönes Gesicht sie hatte. Eine weiße Haut mit roten Wangen, wie ein Pfirsich sah sie aus und gar nicht wie eine Beduinin. Kohlschwarze Haare umrahmten das schöne Gesicht, immer mußte man an das Märlein vom Schneewittchen denken. Wir fingen, als die Wunde sauber war, damit an, in Etappen Hautverpflanzungen vorzunehmen. Das Bein legten wir in eine Gipsschale, damit es ruhiggestellt war, und da sich die Wunde auf der Rückseite befand, mußte die Ärmste die ganze Zeit auf dem Bauch liegen. Das waren Qualen, die sie aber geduldig ertrug.

Es dauerte Wochen und Monate, langsam schloß sich die Wunde Stück für Stück. Für uns alle ein atemberaubender Prozeß, den wir mit Spannung verfolgten, das ganze Krankenhauspersonal nahm daran Anteil. Ihre Verwandten hatten sich nie wieder blicken lassen. Geld hatte unsere Verwaltung noch kein Pfund gesehen.

Schließlich fehlte nur noch ein winzig kleines Stückchen zur Heilung, und wir freuten uns alle, sie bald entlassen zu können.

Da war sie eines Nachts klammheimlich verschwunden. Als wir morgens die Visite machten, war ihr Bett leer. Wie wir von den Zimmergenossen erfuhren, waren die Verwandten gekommen und hatten sie abgeholt, ohne zu bezahlen.

»Das kleine Stückchen wird daheim von selbst zuheilen«, hatten sie gedacht, »so brauchen wir wenigstens nichts zu bezahlen, denn da draußen in der Wüste finden die uns nie!« Enttäuscht darüber, daß auch sie, die Patientin selbst, sich nicht gegen dieses Verhalten gewehrt hatte, schrieben wir sie und ihre Rechnung in den Mond. Kenner der arabischen Verhältnisse sagten uns, daß eine Frau wie sie sich niemals trauen würde, sich gegen ihre ganze Sippe zu stemmen und etwas auf eigene Faust zu unternehmen.

Vor der Renovierung des Krankenhauses waren alle Fenster vergittert gewesen, und ich hatte die Gitter alle entfernen lassen, denn ich sagte: »Wir sind doch hier kein Gefängnis, sondern ein Krankenhaus.« Nun meinte unser Verwalter, ich sähe ja jetzt selber, warum vorher alle Fenster vergittert gewesen seien.

Einige Wochen vergingen. Da stand sie plötzlich, diesmal allein, wieder da, ohne Schleier, ohne Goldringe, ohne Ketten. Wie sie es fertiggebracht hatte, allein Hunderte von Kilometern durch die Wüste zurückzulegen, war uns schleierhaft, und sie hat es uns auch nie gesagt.

Ihr Gesicht war eingefallen von Durst und Hunger, ihre Kleidung staubig und verschmutzt, ihre Haare klebten vom Schweiß am Kopf, ihr Gesicht drückte eine unsagbare Schwermut aus. Was war geschehen?

»Meine Leute hatten erfahren, daß ich bald entlassen werden sollte. Mein früherer Mann hatte sich bereit erklärt, mich wieder zu nehmen, wenn ich geheilt wäre und man wieder ›etwas anfangen‹ könne mit mir. Die Krankenhausrechnung wollte er nicht bezahlen, denn ich sei ja zur Zeit nicht mehr und noch nicht seine Frau. Meine Familie solle meinen Goldschmuck verkaufen, den er ja bei der Heirat damals für mich bezahlt habe, damit ich für alle Zufälle des Lebens versorgt sei. Natürlich war meine Familie froh, mich wieder los zu sein, denn es ist bei uns eine große Schande, eine Verstoßene wieder in die Familie zurücknehmen zu müssen, und für die Frau selber ist es eine unvorstellbare Demütigung, sei sie nun schuldig oder unschuldig in diese Lage gekommen. Viele von unserer Sorte gehen in die Prostitution, nur um von zu Hause wegzukommen und sich auf eigene Füße stellen zu können, denn einen Beruf haben wir ja nicht gelernt. Meine Leute kamen also bei Nacht heimlich ans Fenster meines Krankenzimmers. Da das Krankenhaustor ja bei Nacht verschlossen ist, sind sie über die Mauer geklettert. Die Fenstergitter hattet ihr Deutschen ja entfernen lassen. Sie klopften leise; flüsternd teilten sie mir mit, daß sie mich mitnehmen wollten. Alle meine Vorhaltungen, daß ich euch gute Leute doch nicht so betrügen könne, halfen nichts. Ich hatte nicht den Mut, mich länger zu wehren. Ich dachte: ›Was bin ich ohne Familie, wenn die mich auch im Stich läßt?‹ So schlichen wir uns wie Verbrecher hinaus, setzten uns auf unsere Kamele und traten die Reise hinaus in die Wüste zu unserem Stamm an.

Zu Hause angekommen, eröffnete mir mein Mann, er könne mich natürlich nur als Zweitfrau nehmen, die andere könne er nicht wieder zurücksetzen. Das war für mich ein solcher Schlag ins Gesicht, daß ich glaubte, vor Scham und Enttäuschung sterben zu müssen. Was hatte ich schließlich verbrochen, als daß ich ins Feuer gefallen war und meine flammenden Kleider mich verbrannt hatten?

Ich erklärte meiner Familie, daß ich unter gar keinen Umständen bei meinem Mann bleiben wolle. ›Dann kannst du bei uns auch nicht länger bleiben. Oder denkst du vielleicht, daß wir dich lebenslang versorgen, nur weil du dich weigerst, dich deinem Mann wieder antrauen zu lassen? Eine Frau wie du hat keinen Stolz zu haben, sie hat froh zu sein, wenn sie wieder genommen wird.‹ Ich sagte: ›Gut, dann gehe ich.‹ Aber als ich mich anschickte, rissen sie mir meinen Goldschmuck von den Armen und vom Hals und sagten: ›Wenn du schon gehen willst, dann läßt du uns wenigstens dein Gold da. Meinst du, wir hätten dich deswegen heimlich aus dem Krankenhaus abgeholt, damit du jetzt mit deinem Gold die Rechnung bezahlst? Die sind reich, die sollen zusehen, wo sie ihr Geld herkriegen.‹ Dabei rissen sie mir alles, was ich besaß, ab und jagten mich davon. Ich sagte: ›Diese Menschen sind Christen, sie sind nicht so grausam wie ihr. Die nehmen mich auch auf, wenn ich so arm wie ein Wüstenfuchs komme.‹

Und nun bin ich hier. Fragt mich nicht, wie ich es geschafft habe. Ich will nichts von euch, ich will nur meine Schuld abzahlen. Geld und Gold habe ich nicht, aber ich kann arbeiten, und ich will das so lange ohne Lohn tun, bis ich meine ganze Schuld abgezahlt habe! Dann könnt ihr mich als Sklavin mitnehmen, wenn ihr wieder in eure Heimat zurückgeht«, sagte sie zu meiner Frau und mir, »zu meinem Volk will ich nie mehr zurück.«

Wir haben sie am Krankenhaus angestellt, gegen Lohn, versteht sich. Sie hat ihre Schuld brav abgezahlt.

Alle Morgen, wenn der Krankenhauspfarrer in der großen Eingangshalle für das Personal und die nicht bettlägerigen Patienten die Morgenandacht hielt, saß auch sie dabei und hat bald unsere Choräle und Evangeliumslieder mitgesungen und das Vaterunser mitgebetet. Ob sie gewagt hat, auch äußerlich den Schritt zu tun, sich taufen zu lassen, weiß ich nicht, denn wir mußten ja dann Hals über Kopf das Land als Flüchtlinge verlassen und konnten sie bei unserer ungewissen Zukunft auch nicht mitnehmen.

Kinderkriegen in der dritten Welt und bei uns

Wenn ich an meine Tätigkeit als Geburtshelfer in verschiedenen Teilen der Welt zurückdenke, dann kommt es mir zum Bewußtsein, wie verschieden die Einstellung zum Kinderkriegen in den Völkern des Orients, bei den Primitiven in Afrika und Südamerika und bei uns ist.

Bei den Arabern ist es, wie im Alten Testament bei den Juden, ein Segen Gottes, so viele Kinder wie möglich zu bekommen, vor allem männliche. Es kann einem passieren, daß man eine Patientin fragt, wie viele Kinder sie habe. Sie sagt: »Fünf«, und man wundert sich, daß es nur so wenige sind, worauf die

Antwort kommt: »Ja, eigentlich habe ich elf, aber sechs sind nur Mädchen.« Und das sagt eine Frau! Da die Frauen schon als halbe Kinder mit vierzehn oder fünfzehn Jahren verheiratet werden, haben sie natürlich, zumindest bei der einfachen Landbevölkerung, keinen Beruf erlernt, und so sind sie ganz und gar der Willkür des Mannes ausgesetzt. Einmal kam eine Frau in meine Sprechstunde, sie war 34 Jahre alt und dreifache Großmutter, hatte fünf Kinder und fünfzehn Fehlgeburten gehabt. Nun wollte sie sich untersuchen lassen, warum sie seit fünf Jahren nicht mehr schwanger geworden sei. »Ja, wollen Sie denn noch mehr Kinder?« fragte ich.

»Ja, denn mein Mann sagt, wenn ich keine Kinder mehr bekäme, wolle er sich eine zweite Frau nehmen, und da möchte ich lieber noch mehr Kinder als das.«

Ein andermal bringt ein Mann seine Frau ins Krankenhaus und sagt: »Doktor, machen Sie meiner Frau den Bauch auf und sehen Sie nach, warum sie nur Mädchen bekommt. Wir haben schon sieben Mädchen und noch keinen Jungen. Wenn sie Chancen hat, noch einen Jungen zu bekommen, ist es gut, wenn nicht, nehme ich eine andere, entweder als Zweitfrau, oder wenn sie das nicht will, dann lasse ich mich von ihr scheiden.« Ich sage dem Ehepaar, daß ich das nicht durch eine Untersuchung sagen kann, nichts zu machen. Worauf die Frau sagt, sie wolle in diesem Falle lieber geschieden sein, als eine zweite Frau im Hause haben.

Wir lebten in Arabien in einer öden Wüstengegend, in der es nichts zu nagen und zu beißen gab, und wo die Männer, um ihre Familien ernähren zu können, meistens auswandern mußten und nur einmal im Jahr nach Hause kamen, eben zu dem Zweck, ein neues Kind zu zeugen. Die Frau lebt dann im Hause der Schwiegereltern, und die Schwiegermutter wacht über die Ehre ihres Sohnes und paßt auf, daß die junge Frau ja mit keinem Mann irgendeine Beziehung, und sei sie noch so harmlos, unterhält. Aus diesem Grunde werden auch normale Geburten grundsätzlich zu Hause von der Seidalanieh (Hebamme ohne Ausbildung) gemacht, und nur wenn diese sagt, es müsse eine Amaliät (Operation) gemacht werden, genehmigt sie der Schwiegertochter, ins Krankenhaus zu gehen zum Kaiserschnitt.

Eines Tages kam eine junge deutsche Frau zur Untersuchung. Sie sprach ein waschechtes Sächsisch, und ich erfuhr auf Befragen, daß sie aus Leipzig war, wo ihr Mann, ein Araber, als Tierarzt studiert habe. Sie habe sich in ihn und er sich in sie verliebt, und da sie nur den einen brennenden Wunsch gehabt habe, aus dem DDR-Gefängnis herauszukommen, sei ihr jedes Mittel recht gewesen, und die Vorstellung, in Arabien unter Moslems zu leben, sei ihr gar nicht so abwegig vorgekommen. Nun sei aber ihr Mann gleich nach seiner Rückkehr von der Regierung an einen Ort versetzt worden, der mehr als tausend Kilometer von seinem Heimatort entfernt gewesen sei. Da er dort nur für ein Jahr bleiben sollte, lohnte es sich nicht, sich dort mit der Familie einzurichten, und so sei er alleine dorthin gegangen und habe sie in der Obhut seiner Mutter zurückgelassen. Diese hüte sie nun wie eine Gefangene, sie dürfe keinen Schritt ohne ihre Begleitung aus dem Hause gehen. Tausendmal lieber wolle sie wieder zurück in die damalige DDR gehen, aber da sie ein Kind erwarte, habe ihr Mann ihr gesagt, von ihm aus könne sie gehen, aber das Kind bliebe natürlich hier. Und welche Mutter, meinte sie, wolle ihr Kind aus den Händen geben und sich aus dem Staube machen? So eine Rabenmutter sei sie nicht, und so halte sie eben aus in der Hoffnung, daß ihr Mann eines Tages doch irgendwo einen gemeinsamen Hausstand – ohne Schwiegermutter – mit ihr gründe.

Ein andermal wurde ich zu einer Kranken in ein Haus gerufen. Wie üblich, war das Haus von außen grau und unansehnlich, aber im Inneren war ein schöner Hof mit Weinreben, Blumenbeeten, schönen Fliesenfußböden und der typisch arabischen Möblierung, nämlich geschnitzten Truhen, schönen, naturgefärbten Teppichen und kunstvoll ziselierten Kupfertellern, -schalen und -vasen. Ein paar kleine Kinder spielten auf dem Hof, eines davon patschte in einer Pfütze

herum, und eine tief verschleierte Frau saß in einem Schaukel-
stuhl. Sie rief in schönstem Schwäbisch: »Mohamedle, du
Drecksaule, gehsch net aus dere Pfitz raus, wart' i helf dir
glei!« Auch sie war so eine Gefangene und bereute tief, daß
sie sich hierher verheiratet hatte, von wo es für sie kein Ent-
rinnen gab, wenn sie ihre Kinder nicht verlassen wollte.

Der Ehemann einer Frau, die auch nur acht Mädchen und
keinen Jungen geboren hatte, kam eines Tages mit einer anderen, viel jüngeren Frau nach Hause und stellte seine Frau vor
die vollendete Tatsache, er habe diese geheiratet, da sie ja
doch nur Mädchen bekäme und nun endlich einmal ein Junge
ins Haus müsse. Sie habe die Wahl, entweder dazubleiben
und mit der Zweitfrau zusammenzuleben oder zu gehen. Eine
Scheidung ist ja, wenn die Ehe nach islamischem Recht geschlossen wurde, sehr leicht, und da die Frauen bei der Heirat
ihren Brautschatz in Gold vom Bräutigam bekommen haben
für solche Fälle, so sind sie damit auch schon abgefunden. Die
Erstfrau entschloß sich zu bleiben. Es wurden beide fast
gleichzeitig schwanger, und nun begann das Wettrennen, wer
einen Sohn und wer eine Tochter bekäme. Und siehe da, es
bekamen beide einen Buben. Daraufhin glaubte die Erstfrau
sich wieder in ihre vollen Rechte eingesetzt und meinte, die
Zweitfrau müsse nach ihrer Pfeife tanzen. Die beiden kratz-
ten sich schier die Augen aus, der Ehemann hielt es nicht mehr
aus und machte sich auf und davon und ließ beide Frauen und
die Kinder ohne Versorgung zurück. Die Erstfrau wurde
schwer krank und mußte operiert werden. Ihre vielen Mädchen waren schon groß, zum Teil verheiratet oder im heiratsfä-
higen Alter, und der kleine Bub wurde von einem kinderlosen
Ehepaar in Pflege genommen. Als sie aus dem Krankenhaus
kam und ihren Buben wiederhaben wollte, war sie ihm eine
Fremde geworden, und er weinte herzzerreißend, als man ihn
seinen Pflegeeltern wegnehmen wollte. Schließlich entschieden die Behörden, daß der Junge bei seinen Pflegeeltern bleiben solle; die unglückliche Mutter, schwer krank und mittel-
los, sah selber ein, daß es besser für den Jungen wäre, wenn

sie das Opfer der Trennung brächte. Nach einiger Zeit starb sie, ob an ihrer Krankheit oder aus Kummer und Gram, weiß ich nicht.

Bei den Primitiven in Afrika oder Südamerika liegen die Verhältnisse wiederum ganz anders. Auch sie bekommen unzählige Kinder, aber sie nehmen das als naturgegeben hin, sie wollen sie nicht haben. Da die Säuglingssterblichkeit sehr groß ist, werden von den zehn oder zwölf Kindern, die eine Frau während ihrer gebärfähigen Jahre bekommt, meistens nur zwei oder drei groß, und die sind für die Eltern die Altersversorgung, da es ja keinerlei Sozialwesen, Versicherung oder dergleichen gibt. Ja, die Indianer im südamerikanischen Busch töten ihre überzähligen Kinder, die sie nicht ernähren können, gleich nach der Geburt, indem die Großmutter dem Neugeborenen den Mund und die Nase zuhält, damit es gar nicht erst den ersten Atemzug machen kann. Sobald sie aber Christen sind, kommt das natürlich nicht mehr für sie in Frage. Dann kommen sie zum Missionar und sagen: »Christus verbietet uns das Töten unserer überzähligen Kinder. Aber ernähren können wir sie auch nicht. Was sollen wir tun? Gebt ihr uns einen Rat!« Da Pillen zu teuer sind und diese primitiven Menschen auch viel zu unzuverlässig wären, um sie regelmäßig einzunehmen, beschloß die Missionskonferenz, auf der dieses Thema diskutiert wurde, ihnen auf Verlangen die Spirale einzusetzen. Davon machten sie dann auch regen Gebrauch. Starb eines ihrer zwei »geplanten« Kinder, dann kamen sie ins Krankenhaus und baten, die Spirale herauszunehmen, damit sie wieder ein Kind bekommen könnten. So war die Geburtenregelung schon damals perfekt.

In einem Missionskrankenhaus in Afrika fährt eines Nachts ein Fuhrwerk auf den Hof. Ein junges Ehepaar kommt zur Entbindung. Die Frau hatte Zwillinge, von denen eines schon unterwegs im Busch ohne Hilfe einer Hebamme oder eines Arztes geboren, aber gleich gestorben war. Das zweite wurde dann bei uns im Kreißsaal geboren, aber auch dieses starb nach wenigen Atemzügen. »O je«, denke ich, »wie sag' ich's bloß dem armen Vater?« Aber der, weit entfernt davon, in Schluchzen auszubrechen, meint ganz gelassen: »Macht nichts, wir machen uns frische.«

Die Afrikaner haben die Angewohnheit, sehr oft ihre Namen zu wechseln. Sobald sie jemanden sympathisch finden, nehmen sie einfach dessen Namen an, oder sie geben auch ihren Kindern solch einen Namen. Eines Morgens bei der Frühandacht, an der in allen Missionskrankenhäusern das ganze Personal teilnimmt, und an deren Ende der nachtdiensthabende Pfleger den Rapport gibt, berichtet dieser: »Heute nacht um zwölf Uhr wurde ein Verletzter eingeliefert, um zwei Uhr ein Blinddarm, um drei Uhr wurde ein männliches Kind geboren, sein Name ist Dr. Dollinger.« Alles klatscht Beifall, ich gebe dem jungen Erdenbürger ein Geldgeschenk und denke, damit ist der Spaß zu Ende. Aber nach Jahren treffe ich eine Missionsschwester in einer Berliner Kirche, die aus ihrer Arbeit in Nigeria berichtet. Nach der Versammlung gehe ich zu ihr und erzähle ihr, daß ich vor Jahren auch an diesem Krankenhaus gearbeitet habe. Als sie meinen Namen erfährt, ruft sie aus: »Ach, da läuft ein 15jähriger Junge herum mit Namen Dr. Dollinger.« Alle, die zugehört haben, lachen. Aber ich sage: »Ja, dieser Junge wurde aber geboren, als ich da war, nicht neun Monate später!« Dieser Doktor Dollinger hat also ohne Mühe, ohne Studium und ohne Promotion seinen Titel bekommen. So einfach ist das!

Eine sehr dicke Frau war mit ihrem neunzehnten Kind schwanger. Während der Schwangerschaft schärfe ich ihr immer wieder ein, sie müsse abnehmen, sonst gäbe es bei der Entbindung eine Katastrophe. Und nur ja kein Fett, keine Butter, nichts dergleichen! Als sie zur Entbindung kommt, sehe ich, daß sie ein unmäßig dickes Kind hat, das unmöglich auf natürlichem Wege entbunden werden kann. »Wenn Sie auch achtzehn Kinder normal bekommen haben, dieses muß ich mit Kaiserschnitt holen«, sage ich zu ihr.

»Nun, machen Sie nur, was Sie für notwendig halten, Herr Doktor, aber bitte sagen Sie es meinem Mann erst hinterher, sonst fällt der mir in Ohnmacht, der hat nämlich so schwache Nerven!«

Da wir bei Nacht keinen elektrischen Strom haben und bei offener Äthernarkose keine Petroleumlampen brennen können, wenn wir nicht alle in die Luft fliegen wollen, muß ich mit einer Stabtaschenlampe operieren, mit der eine Schwester, auf einer Trittleiter stehend, in den Bauch leuchtet. Die Bauchdecken der Frau sind so dick, daß keiner meiner Bauchsperrer groß genug ist. Meine Frau, die mir assistiert, hält mir also mit ihren Händen den Bauch auf, damit ich das Kind herausholen kann. In dem kleinen Hüttchen, das wir Operationssaal nennen, herrscht eine Hitze, daß man sich wie in einem Backofen vorkommt. Eine Schwester ist ständig damit beschäftigt, uns mit einem nassen Tuch den Schweiß abzuwischen, damit er nicht in den Bauch tropft. Als schließlich mit Gottes Hilfe die Operation gutgegangen ist, wiegen wir das Kind: Fünf Kilo und zweihundert Gramm! Am nächsten Tag erzähle ich der Mutter, wie schwierig die Operation gewesen sei, vor allem wegen ihres dicken Bauchspecks und der Größe des Kindes. »Habe ich Ihnen denn nicht immerzu gepredigt, Sie sollen kein Fett essen und abnehmen«, sage ich. »Ja, ich habe mich auch streng an Ihre Vorschrift gehalten, keine Butter, kein Fett, kein Öl. Nur einen Viertelliter Rahm habe ich jeden Tag getrunken, denn etwas Kräftiges muß ich ja haben, wenn ich ein Kind austrage, nicht?«

Bei einem Besuch nach vielen Jahren traf ich diese Frau mit ihrem Sohn – es war der letzte geblieben –, er war ein stattlicher junger Mann, aber sie war noch genauso dick wie damals.

Auch in unserem zivilisierten Deutschland, wo alles so wohl organisiert ist und fast alle Kinder im Krankenhaus zur Welt kommen, kann es bei einer Geburt Pannen geben. Eine meiner Patientinnen hatte nur einen Sohn und wollte unbedingt noch ein zweites Kind haben. Sie hatte mehrere Fehlgeburten, und als sie wieder schwanger war, machte man einen kleinen Eingriff bei ihr, und sie behielt das Kind bis zum siebten Monat. Während der Schwangerschaft brach sie sich ein Bein und wurde eingegipst.

Im März kamen späte, ungewöhnlich starke Schneefälle, alle Straßen waren blockiert. Ein Anruf: »Herr Doktor, kommen Sie schnell, bei uns geht es los!«

»Rufen Sie doch den Krankenwagen und lassen Sie Ihre Frau ins Krankenhaus bringen!«

»Haben wir schon, auch den Notarzt, aber beide sind im Schnee steckengeblieben und kommen nicht durch.«

Ich mache mich auf den Weg durch Eis und Schnee ins Nachbardorf, nehme einen zufällig anwesenden Besucher als Helfer für den Fall des Steckenbleibens mit. Trotz dichten Nebels und Schneetreibens und Glatteis komme ich im Nachbardorf an.

»Bitte, nehmen Sie mir zuerst den Gips ab, Herr Doktor, so kann ich das Kind nicht bekommen«, sagt die Wöchnerin.

»Ich habe aber keine Gipsschere mit, und mit den Zähnen kann ich ja den Gips nicht aufbeißen.«

»Dann holen Sie um Himmels willen eine, aber schnell, es pressiert!«

Ich gebe ihr eine Spritze, um die Geburt noch etwas aufzuhalten; dann schicke ich meinen Begleiter nach Hause zurück und trage ihm auf, meiner Frau zu sagen, ich bräuchte eine Gipsschere. Er kommt an, sagt sein Sprüchlein, aber meine Frau meint verwundert: »Gipsschere? Ich denke, er ist zu einer Geburt gerufen worden? Sie haben sich wohl verhört? Hat er nicht Geburtszange gesagt? Mein Mann macht doch keine Entbindungen mit der Gipsschere!«

»Ich habe Gipsschere verstanden, aber es kann ja sein, daß ich mich verhört habe.«

»Nun, das beste wird sein, wenn ich Ihnen beides mitgebe, Zange und Schere.«

Er kommt zurück, ich schneide den Gips auf, gebe eine Spritze, um die Geburt wieder in Gang zu bringen. Als der Kopf zu sehen ist, geht draußen das Tatütata des Martinshorns los, und herein strömen drei Sanitäter vom Rettungs-

wagen, ein Arzt und zwei Sanitäter vom Notarztwagen, alle
in ihren leuchtend orangefarbenen Anzügen, und hinterdrein
kommt noch die Hebamme des Dorfes: ein wahres Massen-
aufgebot. Mit mir sind es acht Personen plus Ehemann, der
auch dabei sein und zusehen will! Da der Notarzt ein Inter-
nist ist, der von Geburtshilfe keine Ahnung hat, ist er nur zu
froh, daß ich die Geburt beende, da sie schon zu weit vorge-
schritten ist, als daß die Frau noch rechtzeitig ins Krankenhaus gekommen wäre. Trotz der vielen Zuschauer kommt
das »Frühgebürtchen« ohne Komplikationen zur Welt. Es ist
zur Freude der Eltern ein Mädchen. Sie ist wunderschön und
ganz lieb, und jedesmal, wenn ich sie sehe, muß ich lächeln,
wenn ich an die »Zangengeburt« mit Gipsschere denke.

Weihnachten in Bethlehem

Wieder einmal stand das Weihnachtsfest bevor. Erika und ich
sagten uns: »Jetzt, wo wir schon im Orient leben, wäre es
doch für die Kinder ein besonderes Erlebnis, Weihnachten in
Bethlehem zu verbringen, dem Ort, wo sich die Weihnachtsgeschichte abgespielt hat.«
Wir besprachen die Sache mit Helmut Rauch, der schon
einige Male dort gewesen war. Die Kinder jubelten, als sie
von unserem Vorhaben erfuhren, und wir trafen sofort die
Vorbereitungen. Das Krankenhaus war bei meinem syrischen
Dr. Amin Abudaud in besten Händen, so daß ich ohne Gewissensbisse wegfahren konnte. Zum Glück lag damals Bethlehem im jordanischen Teil; hätte es im israelischen gelegen,
wäre der Besuch unmöglich gewesen, denn wir hätten mit
einem israelischen Stempel in unserem Paß nicht wieder zurück nach Syrien gekonnt. So groß war schon damals die
Kluft zwischen Arabern und Israelis.
Die Fahrt von sechshundert Kilometern durch die Wüste verlief ohne Zwischenfälle. Aber wer beschreibt die Menschen-
massen, die sich in Jerusalem, Bethlehem und allen umliegen-

den Ortschaften zusammenfanden! »Wer kennt die Völker, nennt die Namen, die gastlich hier zusammenkamen?« hieß es da, frei nach Friedrich Schiller. Es wäre ganz unmöglich gewesen, irgendeine Unterkunft zu finden, selbst mit noch so viel Geld, wenn Helmut nicht vorgesorgt hätte. Es gab in Bethlehem ein Mädchenwaisenhaus mit Internat mit Namen Thalita kumi, das von deutschen Kaiserswerther Diakonissen unterhalten wurde. Die Kinder waren alle in Ferien zu Verwandten gefahren, und so öffnete das Institut seine Pforten für Weihnachtspilger wie uns, natürlich nach vorheriger Anmeldung, was Helmut von Nebk aus schon besorgt hatte. Wir waren also gut untergebracht.

Als nun der Heilige Abend kam, fuhren wir hinaus aufs Hirtenfeld. Wir fragten uns durch die Menschenmenge durch, aber zu unserer Überraschung hieß es: »Auf welches Hirtenfeld wollen Sie denn, auf das evangelische, das römisch-katholische oder auf das orthodoxe?« »Soll das ein Witz sein?« fragten wir. Auf einem Feld kann sich doch das Weihnachtsereignis, die Verkündigung der Hirten, bloß abgespielt haben? »Ach, das ist doch schon zweitausend Jahre her«, bekamen wir zur Antwort, »wer weiß da noch genau, wo das war?«

Irgendwo in dieser Gegend halt, und das leuchtete uns schließlich auch ein. Nur konnten wir nicht begreifen, weshalb es drei Hirtenfelder geben mußte, wo sich das Ereignis ja doch nur auf einem abgespielt haben konnte. »Das hat man deshalb getan, weil die verschiedenen Konfessionen ihr Fest auf ganz verschiedene Art begehen.«

Wir begaben uns also zum evangelischen Hirtenfeld und steckten bald fest eingekeilt in der harrenden Menschenmenge. Rings um uns her schwirrte es in allen Sprachen, die man sich nur vorstellen konnte, die Hauptsprache war aber Englisch, da besonders viele Amerikaner unter den Reisenden oder Pilgern, wie sie sich selber nannten, waren. Als es Mitternacht wurde, strahlten die funkelnden Sterne vom klaren Himmel, alles Gerede und Schwirren verstummte auf einmal,

eine andächtige Stille breitete sich aus. Dann begann ein gewaltiger Posaunenchor, gebildet aus Bläsern vieler Nationen, zu spielen »Herbei, o ihr Gläubigen, fröhlich triumphierend, o kommet, o kommet nach Bethlehem«, und jeder der vielen tausend Besucher stimmte in seiner eigenen Sprache in dieses wohlbekannte Lied ein. Ein Pfarrer las in englischer Sprache die Weihnachtsgeschichte aus dem Lukasevangelium, dann bat er alle Anwesenden, laut Gott in ihrer eigenen Sprache zu danken für sein Geschenk an die Menschheit, seinen Sohn. Es folgten wieder Weihnachtslieder, die alle kannten, begleitet von den Posaunen, und es war ein unvergeßliches Erlebnis, so viele tausend Menschen aus der ganzen Welt die gleichen bekannten Lieder singen zu hören. Nachdem eine gute Stunde gesungen worden war, wurden alle aufgefordert, sich in die Höhlen zu begeben, um dort das »Hirtenvesper« in Empfang zu nehmen, so wie es vor zweitausend Jahren die Hirten von Bethlehem getan hatten. Wir stiegen hinunter, wo an offenen Feuern Fleisch gebraten wurde, von dem jeder ein Stück abgeschnitten bekam, dazu gab es ein Stück »Chobbes«, das arabische Fladenbrot, an das ich mich nie gewöhnen konnte, obwohl es doch, wie man uns sagte, der Herr Jesus auch schon gegessen hatte. Die Höhlen hatten mehrere Ausgänge, so daß sich trotz der Menschenmenge alles reibungslos abspielte. Bezahlt wurde nicht, aber jeder gab ein Opfer, das die Unkosten deckte. Draußen im Freien hatte man dann Gelegenheit, während des Vesperns mit anderen Besuchern ins Gespräch zu kommen. Das war ganz besonders interessant. Während wir staunten, daß Menschen aus den USA oder aus Korea hergereist waren, fanden die anderen es toll, daß wir so in der Nähe (600 km!) lebten und arbeiteten, wo wir in einer Tagesreise alle die biblischen Stätten besuchen konnten. Das einzige Problem war für uns, unsere fünf Kinder zusammenzuhalten und unseren Helmut nicht zu verlieren, denn wie hätten wir sie aus dieser Masse von Menschen je wieder finden sollen?
Es tagte schon beinahe, als wir endlich, müde und durstig,

den Heimweg zu unserer Unterkunft antraten, wo wir in unsere Betten sanken und in einen totenähnlichen Schlaf fielen. Unsere Kinder waren einstimmig der Meinung: »Das war unser schönstes Weihnachten.«

Blutrache

Eine Patientin, mit Erfolg operiert, lud uns ein, sie doch einmal in ihrem Wüstendorf zu besuchen, wo ihr Mann der Dorfschullehrer sei.

Ein Ausflug durch die Felsenwüste des Antilibanons lockte uns. Der strahlend blaue Himmel, die zackigen Felsenberge, die zu jeder Tageszeit anders leuchten, vom tiefsten Goldbraun über Gelb, Weiß, Rot, bis zum abendlichen Violett, die schneebedeckten Berggipfel – ein unvergeßlicher Anblick! Das Dorf liegt mitten in Felsen eingebettet. Aus einer Grotte am Eingang kommen Frauen mit großen, braunen Tonkrügen auf dem Kopf, sie holen Wasser aus der im Dämmerlicht sprudelnden Quelle, die sich draußen an der Sonne als kleines Rinnsal im Sande verliert.

Freundlich werden wir bei der Lehrersfamilie aufgenommen. Er, der Lehrer, trägt als Gebildeter nicht mehr die übliche arabische Landestracht, sondern einen Anzug nach europäischem Stil. Ein großer, hübscher Mensch mit kühner Nase, feurig schwarzen Augen und lockigem Haar. Ein paar Kinder springen herum. Außer der Frau, welche ich operiert hatte, noch eine jüngere, hübsche, unverschleierte.

Als der stark gesüßte Tee gebracht wird, schenkt der Lehrer jedem unserer Kinder ein kleines Spielzeug. Es sind Tiere, aus kleinen Glasperlchen kunstvoll geflochten. Er erzählt uns, daß er sie selbst angefertigt habe. Wir wollen wissen, wo er diese Kunstfertigkeit gelernt habe. »Im Gefängnis«, lacht er. Auf unsere ungläubigen Blicke meint er noch einmal: »Ja, ja, im Gefängnis, ich war vier Jahre im Gefängnis.«

»Wirklich? Und warum?«

»Weil ich meine Schwester und ihren Mann umgebracht habe.«

»Doch nicht im Ernst? Sie können doch nicht mit so etwas scherzen?«

Da erzählt er uns, daß seine Schwester sich in einen jungen Mann verliebt habe, der seiner Familie nicht genehm gewesen sei. Außerdem sei sie schon von der Familie einem anderen Mann versprochen gewesen, und so habe der Vater es auf keinen Fall zulassen können. Die Schwester sei dann mit ihrem Freund bei Nacht und Nebel durchgebrannt und habe sich in der Stadt standesamtlich trauen lassen. Damit habe sie die Ehre der Familie geschändet. An ihm, dem Lehrer, als dem ältesten Sohn der Familie, sei es gewesen, die Ehre wiederherzustellen und die beiden umzubringen. Er habe sich daraufhin sofort der Polizei gestellt und sei vom Gericht zu vier Jahren Gefängnis verurteilt worden. Da jeder, vom Richter, dem Gefängnisdirektor bis zu den Wärtern, für sein Verhalten volles Verständnis gehabt habe und keiner ihn als Verbrecher betrachtet habe, sei ihm der Aufenthalt im Gefängnis so angenehm wie möglich gemacht worden. Er habe Gelegenheit zur Fortbildung bekommen, Lehrer und Bücher, und so habe er, der einfache Bauernjunge, ein Analphabet, das Gefängnis nach vier Jahren mit dem Abitur verlassen und anschließend die Lehrerbildungsanstalt in der Hauptstadt besucht. Dort habe er diese, seine zweite Frau, als Studienkameradin kennengelernt und geheiratet. Nun führe die erste Frau den Haushalt, die zweite unterrichte in der Schule mit ihm zusammen. Die größeren Kinder von der ersten Frau warteten die kleinen der zweiten, und alles sei in bester Ordnung. Trautes Heim, Glück allein!

Mich bewegte der Gedanke, ob ihn keine Gewissensbisse quälten wegen seiner Bluttat.

»Aber ganz und gar nicht, wieso denn? Ich hab's ja nicht gerne getan, ich mußte es tun, verstehen Sie?«

In Arabien gibt es einen Witz: »Waren Sie schon einmal in Nebk?«

»Ja.«

»Wie ist es da?«

»Zehn Monate Winter.«

»Und die restlichen zwei Monate?«

»Das weiß ich nicht, ich hab's nicht länger ausgehalten und bin fort!«

Nebk, das Städtchen, in dem unser Krankenhaus lag, an dem wir mit einer deutsch-arabischen Besetzung arbeiteten, liegt an der Hauptverkehrsader von Damaskus über Homs nach Aleppo auf einer Paßhöhe. Ein weites Hochtal wird begrenzt von zwei nord-südlich verlaufenden Gebirgszügen, von denen der ostwärtige in die arabische Wüste ausläuft. Zu jeder Tageszeit schimmern die schroffen Bergkämme in anderen Farben: von bläulich über rostbraun und weiß bis zu dunkelbraun und violett, je nach dem Stand der Sonne, die hier immerzu scheint, an dreihundertfünfundsechzig Tagen des Jahres. Ein kobaltblauer Himmel wölbt sich darüber, und die schneebedeckten Bergspitzen zeichnen sich mit scharfen Umrissen ab. An den wenigen Tagen des Jahres, an denen es regnet – ich sollte besser sagen nieselt –, wird die gelbbraune Einförmigkeit der Wüste verwandelt in eine grandiose Farbensymphonie. Quadratkilometergroße Flächen sind gelb, blau, rot, violett, aber so grell und intensiv, daß es nicht zu beschreiben ist. Die Wüste blüht!

Wenn man diesem Naturschauspiel auf den Grund geht, merkt man, auf dem Boden liegend mit einer Lupe, daß der ganze Wüstenboden bedeckt ist mit winzig kleinen, fast mikroskopisch kleinen Steinbrechgewächsen, die sich das ganze Jahr über zusammenfalten, um während der Trockenheit der Hitze standzuhalten und nicht zu verdorren. Beim ersten bißchen Feuchtigkeit entfalten sie sich und fangen an zu blühen. Millionen und Abermillionen von winzigen Blüten, die unseren Steingartenblumenkissen im Frühjahr ganz ähnlich sind, nur mit dem bloßen Auge kaum wahrnehmbar.

Was für die Araber immerwährender Winter scheint, ist für uns Europäer die angenehmste Temperatur, die man sich nur vorstellen kann. Nie ist es zu heiß, nie zu kalt. Die Luft ist frisch und rein. Das Wasser, aus hundert Metern Tiefe heraufgepumpt, ist eiskalt und klar, und es schmeckt so prickelnd wie Mineralwasser. Es ist so kalkhaltig, daß man aus der Wäsche, wenn sie nach dem Waschen getrocknet ist, den Kalk herausschütteln muß. Dafür haben aber die Nebker die prachtvollsten Gebisse bis ins hohe Alter und brauchen weder Plomben noch Zahnersatz.

Nachdem wir immerhin von September bis März die Öfen geheizt hatten, sagte ich zu Erika: »Ich möchte jetzt einmal wohin, wo man richtig schwitzen muß!«

»Da müssen Sie ans Rote Meer fahren«, meinten unsere arabischen Mitarbeiter, »dort ist der heißeste Punkt der Erde!« Man sagte uns aber auch, daß es dort im Sommer überhaupt nicht auszuhalten sei. Wenn wir führen, sollten wir zu Ostern fahren, dann sei dort die angenehmste Temperatur.

Unser Entschluß war gefaßt: Wir machen einen Ausflug ans Rote Meer, und zwar an den Golf von Akaba! Schon viel hatten wir von den herrlichen Korallenriffen und der farbenprächtigen Fischwelt dort gehört, und so waren alle unsere Kinder mit Jubel dabei. Wir packten den VW-Bus voll mit allem Notwendigen für eine viertägige Reise: Zelte, Schlafsäcke, Kochkessel, Gaskocher, Gummimatratzen, Klopapier, Badezeug, Sportschuhe, Nahrungsmittel und Streichhölzer, Taucherbrillen, Schnorchel, Schwimmflossen und Sportschuhe. Wir, die fünf Kinder und Helmut, der Mann, der alles kann. Mit ihm konnten wir sicher sein, daß uns nichts passieren würde – oder wenn doch, dann würde er Rat wissen. Da wir uns beim Fahren abwechseln konnten, legten wir die Strecke von etwa tausend Kilometern in einem Zuge und ohne Zwischenaufenthalt zurück. Als wir nach Überwindung der letzten Gebirgszüge an den kobaltblauen Golf von

Akaba, einen Seitenarm des Roten Meeres, kamen, fanden wir einen völlig menschenleeren Strand vor, der uns, uns ganz allein gehörte! In einer Gebirgsmulde schlugen wir unsere Zelte auf und richteten uns für ein paar Urlaubstage ein. Den ersten Kaffee kochten wir auf unserem Gaskocher. Dann ging die Flamme aus, und bei näherem Zusehen merkten wir, daß wir eine fast leere Flasche mitgenommen hatten! »Was tun, sprach Zeus?« Roh konnten wir unseren Lebensmittelvorrat nicht verzehren, irgendein Laden war weit und breit nicht zu sehen. Wieder nach Hause fahren wollten wir aber auch nicht, wir hatten uns zu sehr auf diesen Ausflug gefreut! »Ach, das wäre ja gelacht«, sagte Erika, »ich als alte Pfadfinderin werde doch vor einer so lächerlichen Situation nicht kapitulieren! Geht ihr nur alle schön brav an den Strand und sammelt Treibholz, groß oder klein, wie ihr's findet, und bringt es her.«

Sie las Felsbrocken auf und baute eine Art Herd zurecht, auf den sie ihren Kochtopf setzen konnte – den sie übrigens seit ihrer Mädchenzeit auf all ihren Fahrten mitgeschleppt hatte, sogar bis in den südamerikanischen Busch –, und als wir mit dem Holz ankamen, wurde das erste Feuerchen angefacht. Treibholz aus dem Meer ist natürlich immer feucht, und so war es kein Wunder, daß das Feuer zwar brannte, aber fürchterlich qualmte. »Das macht gar nichts«, meinte Erika, »das gibt dem Essen erst die richtige Fahrtenwürze, so muß das sein, wenn eine Fahrt zünftig sein soll!«

Nun konnten wir es aber auch schon nicht mehr aushalten, die »Wunder der Tiefsee« zu sehen. Kleider aus, Badezeug an, Schwimmflossen an die Füße – und hinein in die blauen Fluten!

Jetzt hatten wir das zauberhafteste Erlebnis unseres ganzen Lebens. Tief unter uns der schneeweiße Meeresboden, das Wasser glasklar, Korallenriffe in unvorstellbarer Farbenpracht und in den bizarrsten Formen, wie ein leuchtender Alpengarten. Dazwischen wimmelte es von einer tausendfachen Vielfalt von Fischen in allen nur denkbaren Farbkombinationen und mit den unwahrscheinlichsten Formen. Ganze Schwärme, Rudel, blitzartig hierhin und dahin schießend, sich in den Korallenbuchten versteckend und anderswo wieder auftauchend, spielend, sich jagend oder fliehend. Man glaubte, einfach nicht mehr auf dieser Erde zu sein, sondern in einem verwunschenen Märchenland, von dem man noch nie gehört und das zu sehen man nie geahnt hatte.

Bald fanden wir heraus, daß man ohne Sauerstoffgerät doch nur recht kurz unter Wasser bleiben konnte. Wir bliesen daher unsere Gummimatratzen auf, legten uns bäuchlings darauf, paddelten mit den Händen hinaus und steckten einfach die Köpfe mit den Tauchbrillen unter Wasser, so daß der Schnorchel zum Atmen im Freien blieb, und konnten so stundenlang dem Genuß des Schauens frönen. Jeder echte Taucher hätte uns ausgelacht, aber uns kam es ja nicht darauf an, für sportlich oder unsportlich gehalten zu werden, wir wollten nur genießen! Bald aber mußten wir für unsere Unersättlichkeit büßen: Wir bekamen schreckliche Sonnenbrände, die einen bitteren Wermutstropfen in unsere Freude träufelten.

Am Abend, als wir uns zum Schlafen fertigmachten, kam der erste Mensch daher, den wir seit unserer Ankunft zu sehen bekamen: ein drahtiger, muskulöser, braungebrannter Bursche in Badehosen und Sportschuhen als einziger Bekleidung. Mit ihm kamen wir in ein Gespräch und erfuhren, daß er vor Jahren, wie wir, einen Ausflug hierher gemacht habe, und dann habe ihn die Korallenwelt verzaubert und nicht mehr losgelassen. Nun lebe er seit langem unter freiem Himmel, habe schon lange keine Kleider mehr anzuziehen außer dem, was er hier auf dem Leibe trage: Badehose und Sportschuhe. Er lebe ausschließlich von Fischen, die er sich fange und am offenen Feuer brate. Wenn er mal Geld brauche, um sich Zigaretten, Kaffee oder Tee zu kaufen – die einzige Brücke, die ihn noch mit der Zivilisation verbinde –, dann sammle er Korallen, präpariere sie und verkaufe sie in Akaba an Touristen.

Der »Eiserne Hans«, wie er sich selbst vorgestellt hatte, riet uns auch, unsere Zelte lieber abzubrechen, da wir sie an einer gefährlichen Stelle, nämlich an einem Wadi, einem ausgetrockneten Flußbett, aufgestellt hatten. Sollte es je regnen, dann würden sich vom Gebirge solche Wassermassen herabstürzen, daß wir einfach ins Meer gespült würden. Wir befolgten also seinen Rat und stellten die Zelte an einer geeigneteren Stelle wieder auf. Der Eiserne Hans gab uns auch noch den Rat, nie mit bloßen Füßen zu gehen, da die Korallen, auf denen man gehen müsse, bis man ins tiefe Wasser komme, messerscharf seien, und außerdem lauerten überall Seeigel, die ihre mit Widerhaken besetzten Stacheln wie Nadeln in die Fußsohlen stächen. Man bekomme sie kaum wieder heraus, und die Stichwunden entzündeten sich fürchterlich.

Wir waren ihm dankbar für seine Ratschläge, hatten wir doch in unserer Unkenntnis schon die ersten Kratzer und Stiche zu spüren bekommen. Nun verlebten wir die drei unvergeßlichsten Tage unseres Lebens, und ich weiß nicht, wie oft ich in den Jahren danach noch davon geträumt habe. Ich habe auch in anderen Meeren noch Korallenriffe gesehen, aber sie waren nur ein müder Abklatsch zu denen im Golf von Akaba, da sie wohl die Formen, aber niemals die leuchtende Farbenpracht haben.

Da auch das schönste Erlebnis, wie alles im Leben, zu Ende geht, hieß es zusammenpacken und zur Heimreise rüsten. Wer weiß, ob wir sonst nicht, wie der Eiserne Hans, für immer dageblieben wären! Um eine Erinnerung an diese Tage zu haben, wollte ich mir unbedingt einige Korallen mitnehmen. Leider werden sie, sobald sie an die Luft kommen, farblos, und aus dem vorher so herrlichen Gelb, Blau, Rot, Grün, Lila, Rosa wird ein schäbiges Graubraun. Schade! Doch da kommt der Eiserne Hans noch einmal des Weges und sieht mich bei meinem Vorhaben. Er hat Erfahrung im Präparieren von Korallen und erklärt mir, wie man es machen muß, daß die Korallen zwar nicht ihre Farbe behalten, aber doch schneeweiß bleiben. Da der VW-Bus mit uns achten und unserem Gepäck schon so vollgepackt ist, daß nicht daran zu denken ist, auch noch eine Menge Überfracht mitzunehmen,

werden meine Korallen überall im Wagen verteilt, wo noch
ein Eckchen frei ist, ja, sogar auf die Sitze werden sie gelegt
und Decken darübergebreitet! Als alles verstaut war, blieben
nur noch die leeren Konservendosen übrig. Ich sagte: »Ach,
wen stören die schon in dieser menschenleeren Einöde? Den
Eisernen Hans sicher nicht!« Aber Erika meinte kategorisch:
»Wo ich fortgehe, bleiben keine leeren Dosen zurück, und
wenn es in der Wüste ist!« Dabei hat damals noch kein
Mensch etwas von Umweltverschmutzung gehört. Also
stopften wir die Dosen auch noch irgendwo dazwischen. Als
wir den Strand von Akaba verlassen und Akaba passiert hatten, fing es plötzlich auf dem Weg hinauf ins Gebirge zu
schneien an. »Das darf doch nicht wahr sein? Schnee am Roten Meer? Am heißesten Platz der Erde? Wachen wir, oder
sind wir das Opfer einer Sinnestäuschung geworden?« fragen
wir uns. Doch die Flocken fallen immer dichter und dichter,
bald ist die Straße weiß verschneit. Wir beratschlagen, ob wir
weiterfahren oder umkehren sollen. Ich bin für Weiterfahren,
denn: »Wie lange wird es am Roten Meer schon schneien?
Bald sind wir überm Gebirge, dann wird's wieder warm!«
sage ich. Ja, denkste! Bald ist die Schneedecke so dicht, daß
wir steckenbleiben und nicht mehr weiterfahren können.
Jetzt bleibt uns gar keine Wahl mehr, wir können weder zurück, noch weiter. Der Motor bleibt stehen, er ist nicht mehr
in Gang zu setzen. Im Auto wird es kälter und kälter. Wir
haben nur Sommerkleidung mitgenommen, denn es war ja
ans Rote Meer gegangen, in die Wärme! Die Flocken fallen
und fallen, bald sind die Fenster zugeschneit, es wird finster.
Wir können auch die Türen nicht mehr öffnen. Wir sind lebendig im Schnee begraben. Die Kinder frieren entsetzlich,
obwohl wir sie mit allem einwickeln, was wir haben, und
ganz, ganz dicht zusammenrücken, um uns gegenseitig zu
wärmen. Unser Vorrat an Essen und Trinken ist bald aufge-
braucht, die Batterie muß gespart werden, und so sitzen wir
wie im dunklen Kuhbauch und grapschen uns das, was wir
gerade brauchen. Am schlimmsten von allem sind die Koral-

len. In ihnen sitzen, wie wir später erfahren, unzählige winzigkleine Meerestierchen, die, sobald sie an die Luft kommen, absterben und verwesen und bald anfangen, bestialisch zu stinken. Für diesen Gestank gibt es keine Worte, um seine Scheußlichkeit zu beschreiben. Und so waren wir mit diesem penetranten, ekelerregenden, infernalischen Verwesungsgeruch auf kleinstem Raum eingeschlossen. Wie gerne hätten wir die ganze Korallenpracht hinausgeworfen, aber wir waren ja zugeschneit und konnten weder Fenster noch Türen aufmachen. Bald riefen die Kinder: »Ich muß mal!« – aber wohin? Die Konservendosen! Sie waren unsere Rettung. Dabei hätten wir sie, wenn es nach mir gegangen wäre, gar nicht mitgenommen. Wie froh waren wir über sie! Aber nun kamen zu dem Korallengestank auch noch diese Düfte!

Trotz aller Unbilden wurden wir nun doch müde. Wir wußten nicht, wie lange es dauern würde, bis der Schnee schmelzen würde, und konnten nur hoffen, daß dies am Roten Meer nicht allzu lange dauern dürfte. Im anderen Fall wären wir wohl bald alle erfroren in unserem Gefängnis. So stellten wir denn unser Schicksal Gott anheim und vertrauten darauf, daß er, der uns schon aus so vielen Unbilden errettet hatte, auch diesmal helfen würde. Wir schliefen ein.

Als wir aufwachten, hatten wir alles Zeitgefühl verloren. Waren es Stunden, waren es Tage, seit wir eingeschlossen waren? Wir wußten es nicht, nur knurrten unsere Mägen ganz fürchterlich vor Hunger. Und die Kinder hatten entsetzlichen Durst.

Plötzlich hörten wir ein Dröhnen – irgend etwas tat sich! Die Schneemassen kamen in Bewegung, die Fenster wurden frei – die jordanische Regierung hatte uns Hilfe gebracht. Mit riesigen Straßenbaumaschinen hatte man den Schnee weggeräumt, die Wüstenpolizei auf Kamelen regelte den Einsatz, und der Rote Halbmond, das islamische Gegenstück zu unserem Roten Kreuz, brachte uns Verpflegung und heiße Getränke.

Endlich konnten wir aussteigen, und da sahen wir, daß wir

nicht die einzigen gewesen waren, sondern daß eine unabseh-
bare Autoschlange vor und hinter uns war. Wir sahen auf
unsere Uhren: Siebenundzwanzig Stunden lebendig im
Schnee begraben, und das am Roten Meer, wo es, wie man
uns sagte, seit hundertundzehn Jahren nicht geschneit hatte.
Aber – wir waren alle am Leben! Bald sprangen die Kinder
draußen herum und machten sich durch Bewegung warm.
Vor dem Weiterfahren gab es noch eine kleine Panne. Ein
Reifen war platt, und als wir ihn wechseln wollten, waren die
Schrauben eingefroren. Die Wegräumer hatten aber Lötlam-
pen bei sich, so konnten wir sie auftauen, das Rad wechseln
und endlich, endlich weiterfahren. »Nun müssen aber endlich die gräßlichen Korallen hinaus«, meinte Erika, und ich,
ganz kleinlaut geworden, widersprach nicht mehr. So kommt
es, daß wir bis jetzt ohne Erinnerungskorallen geblieben sind.
Trotzdem haben wir unseren Ausflug nicht vergessen!

Die Nobelkutsche

Solange wir in der ärztlichen Mission tätig waren, kamen wir
durchschnittlich alle vier Jahre auf Urlaub nach Deutschland.
Da wir immer nur vier Monate hier blieben, lohnte es sich
kaum, ein anständiges Auto anzuschaffen. Zwar brauchten
wir einen fahrbaren Untersatz, aber für unsere Zwecke war
irgendein alter VW-Käfer gut genug, den wir dann vor unserer Ausreise auf einem Schrottplatz abstellen konnten. In diesem Fahrzeug wurden dann außer uns zweien unsere fünf
Kinder, ein Haufen Gepäck und, wenn es zu Weihnachten zu
den Großeltern ging, alle Geschenke wie selbstgebastelte Vo-
gelhäuschen, Weihnachtssterne und dergleichen und obendrein noch die Gitarre zum Begleiten der Weihnachtslieder
verstaut! Uns machte es gar nichts aus, ob dieses Fahrzeug für
einen Arzt standesgemäß war oder nicht; schließlich wußten
ja alle Leute, daß wir Missionsarbeiter waren. Und daß diese
nicht viel verdienen, ist hinreichend bekannt.

Nur einer unserer Buben, von klein auf viel anspruchsvoller als die anderen, zog ein langes Gesicht und fragte: »Wieso haben alle unsere Verwandten einen Mercedes, und nur wir fahren mit so einem alten, schäbigen VW herum?«

»Jeder Mensch gönnt sich von seinem Geld das, was ihm am meisten Freude macht«, sagte ich. »Der eine will in einer schönen Villa wohnen, der andre ein teures Auto fahren, der dritte eine weite Urlaubsreise machen – wir haben unsere Freude daran, fünf Kinder zu haben, ein ganz schön teurer Luxus, kann ich dir sagen! Und weil man eben nicht alles haben kann, was man möchte, sucht man sich das aus, was einem am wichtigsten ist. Ihr seid uns am wichtigsten, und darum fahren wir mit einem alten VW. Klar? Den können wir dann, wenn wir wieder ins Ausland fliegen, einfach stehen lassen.«

Wer aber noch unzufrieden war mit unserem alten, klapprigen Vehikel, das war meine Mutter. Sie und mein Vater hatten sich aus einfachen Verhältnissen zu einem bescheidenen Wohlstand hochgearbeitet und unter großen Opfern ihre Kinder studieren lassen. Nun sonnte sich meine Mutter im Erfolg ihrer Kinder, und darum konnte sie es kaum verkraften, daß eines ihrer Kinder, der Jüngste, ein Arzt, mit einem so schäbigen Fahrzeug herumfuhr. Bisweilen sagte sie: »Du, heute, als ich in der Stadt war, habe ich ein Auto gesehen, das noch schäbiger war als deines! Ich hätte nie für möglich gehalten, daß es das gibt! Sag mal, willst du dir nicht endlich mal ein ordentliches Auto kaufen? Mit so einem Vehikel herumzufahren, ist für einen Arzt einfach unmöglich! Ich geb' dir das Geld, wenn du es dir nicht leisten kannst, dann muß ich mich wenigstens nicht mehr schämen!«

»Mutter«, sagte ich, »erstens sind wir nur so kurz hier, daß es sich nicht lohnt, ein teures Auto anzuschaffen, das wir dann weit unter Preis wieder verkaufen müßten. Zweitens weiß jeder, daß wir Missionsarbeiter sind, da erwartet keiner, daß wir in einer Nobelkutsche herumfahren, im Gegenteil – ich glaube, man würde es uns eher verübeln.«

Als wir dann für immer nach Hause kamen und uns anschickten, eine Praxis zu übernehmen, starb meine Mutter hochbetagt. Wir Geschwister und die Kinder unserer verstorbenen Geschwister kamen zusammen, um das Erbe zu teilen. Das ging alles in schönster Harmonie vor sich: Meine Schwester Irma verzichtete auf alles, die anderen Erben sagten, wir sollten uns alles nehmen, was wir von Mutters Hausrat brauchen könnten für unseren neuen Hausstand, und das war für unsere große Familie gar nicht wenig. So war das große alte Doktorhaus, das wir bezogen, im Nu möbliert und ausstaffiert, und wir brauchten uns so gut wie nichts anzuschaffen. Das hinterlassene Geld wurde gleichmäßig verteilt. Ich glaube, eine reibungslosere Erbteilung hat es nie gegeben. Aber nun sagte meine Schwester Irma noch: »Hört einmal, Mutters Wunsch war immer gewesen, daß ihr ein standesgemäßes Auto haben sollt. Wenn ihr nun anfangt, hier zu praktizieren, schickt es sich nicht mehr, daß ihr in einem alten VW-Käfer herumfahrt. Hier, im Andenken an unsere Mutter schenke ich euch das Geld für einen Mercedes. Aber es ist nur dafür bestimmt, wenn ihr euch keinen anschafft, will ich mein Geld zurückhaben, ha, ha, ha!«

So kauften wir uns einen Mercedes, zwar nicht den teuersten, aber immerhin... Erika meinte: »Eigentlich schäme ich mich, damit herumzufahren. Schließlich waren wir so viele Jahre in der Mission, da könnten die Leute sagen: ›Aha, dafür also haben wir unsere Scherflein gespendet, daß die hier mit einer Nobelkutsche aufkreuzen‹, und das wäre peinlich für mich. Mir ist gar nicht wohl dabei, wollen wir Irma das Geld nicht lieber zurückgeben?«

Am zweiten Januar zogen wir bei Eis und Schneegestöber in unser neues Heim ein. Am Dreikönigstag, also am 6. Januar, fuhr ich eine Diakonisse, welche uns das Mutterhaus Aidlingen zur Einarbeitung in die neue Praxis abgestellt hatte, nach Stuttgart zu einer Tagung. Auf der Heimfahrt – es war noch früh und so zwischen Tag und Dunkel, und ich hatte eben die Lichter ausgemacht – bemerkte ich im Nachbardorf Auer-

bach nicht, daß sich am Ortsausgang die Straße gabelte, und
so prallte ich mit voller Wucht, allerdings in Ortsgeschwin-
digkeit, frontal gegen eine Sandsteinmauer. Ich stieg aus, be-
trachtete und befühlte mich von allen Seiten: Kein Kratzer,
kein blauer Fleck, keine noch so kleine Verletzung! Nur die
Nobelkutsche war im Eimer, Totalschaden, schrottreif.

Die Leute kamen aus den benachbarten Häusern gelaufen
und sagten: »Schon wieder einer!«

»So bin ich also nicht der erste, der hier dagegen gefahren
ist?«

»Nein, der fünfzehnte!«

Das wirkte auf mich so, als ob sich das ganze Dorf daran
weidete und sie richtig abhakten, wenn wieder einer an ihrer
verflixten Mauer zu Schaden gekommen war. Sicherlich tat
ich den guten Leuten Unrecht, denn sie schleppten sofort meinen Wagen mit einem Traktor auf einen der Höfe, und einer
erbot sich, mich mit seinem Auto nach Hause zu fahren, wofür er nicht einmal etwas nehmen wollte. Die zerstörte Mauer
mußte ich der Gemeinde aber bezahlen. Nach meinem, dem
fünfzehnten Unfall, ließen sie allerdings eine rotweiß ge-
streifte Tafel daran anbringen, so daß ich zum Glück der
letzte war, der dagegen gerannt war.

Als ich nach Hause kam, fragte Erika: »Was ist denn los? Wo
ist dein Auto?«

»Hin, kaputt, Schrott«, sagte ich.

»Und du?«

»Nichts, nicht einmal ein Kratzer, sieh her.«

»Gott sei Dank! Nun wollen wir dem Mercedes keine Träne
nachweinen, sondern dankbar sein, daß dir nichts passiert ist.
Bestellen wir uns gleich einen neuen Käfer!«

Seither sind fünfundzwanzig Jahre vergangen, wir leben in
guten Verhältnissen und könnten uns längst ein besseres
Auto leisten, aber aus Anhänglichkeit sind wir VW-janer geblieben. Jetzt passiert es manchmal, daß einer unserer Dorf-
bewohner sagt: »Na, Herr Doktor, Sie könnten sich doch
jetzt wirklich einen besseren Wagen leisten. Das weiß doch

jeder, daß ein Doktor nicht so arm ist, daß er einen VW fahren muß!«

»Sehen Sie«, sage ich, »ich muß bei meinen Hausbesuchen alle paar Meter anhalten, wenn ich von Haus zu Haus fahre. Was soll mir da ein schneller und teurer Wagen? Wenn ich aber ein-, zweimal im Jahr eine Reise mache, dann fahre ich eben eine oder zwei Stunden länger, bis ich am Ziel bin, was macht das im Urlaub schon aus?«

»Nun ja«, sagte darauf einmal eine Frau, »das ist auch eine Form von Angabe: Sie prahlen eben mit Ihrer Bescheidenheit!« Und ein türkischer Gastarbeiter meinte: »Warum du so kleines Auto?«

»Es braucht wenig Benzin.«

»Warum du sparen, du viel Geld!« war die Antwort.

Aber eines gab mir doch zu denken in dieser Angelegenheit. Ein Mercedes-Autohändler, der mir einen Wagen verkaufen wollte und dem ich den Grund sagte, warum ich keinen will, meinte: »Sie wissen aber doch hoffentlich, daß Sie dem Mercedes Ihr Leben verdanken? In einem Käfer, der den Motor ja hinten hatte, wären Sie wohl nicht am Leben geblieben.«

Es hat sich gelohnt

Weihnachten war vorbei. Die Kinder, jetzt schon groß, waren alle nach Hause gekommen, wir hatten viel gesungen und musiziert und fröhlich gefeiert.

Plötzlich sagte beim Essen unser Ältester, damals noch Medizinstudent: »Vater, mir tut auf einmal der Bauch so weh.«

»Wirst dich überfressen haben während der Feiertage«, meinte ich, denn das erlebe ich alle Jahre wieder. Trotzdem untersuchte ich ihn. Die Schmerzen waren im Oberbauch, entweder mußte es die Gallenblase oder der Magen sein. Ich gab ihm eine Spritze und verordnete Teediät, also nichts zu essen, bis es besser würde. Nachts, als die Schmerzen schlimmer wurden, brachte ich ihn ins nächste Krankenhaus.

Dort wurde er nach allen Regeln der Kunst untersucht, »durch den Fleischwolf gedreht«, sagt man dazu, und nicht weniger als neun (!) Ärzte bemühten sich um ihn, bei einem Mediziner und Arztsohn wollte man gewiß nichts unterlassen. Er wurde geröntgt, es wurde eine Magenspiegelung gemacht, es wurden alle Laboruntersuchungen ausgeführt, es wurden wieder und wieder die Leukozyten (weißen Blutkörperchen) gezählt, die stetig in die Höhe kletterten. Der Bauch wurde immer praller, die Schmerzen immer unerträglicher. So ging das drei Tage lang. Schließlich faßte ich mir ein Herz und sagte zum Professor: »Entschuldigen Sie, ich rede Ihnen ja nicht gerne darein, aber das ist doch ein akutes Abdomen, der Bauch muß aufgemacht werden, je schneller, desto besser.«

»Ach nein, wir warten noch bis morgen früh.«

»Nein, dann nehme ich ihn in ein anderes Krankenhaus.«

»Bitte, auf Ihre Verantwortung«, war die eisige Antwort, »wollen Sie bitte den Revers unterschreiben.«

Ich unterschrieb, bestellte den Krankenwagen und brachte ihn in ein anderes Krankenhaus, wo sofort alles zur Operation fertiggemacht wurde.

»Ein seit drei Tagen perforierter Blinddarm«, lautete der Bericht, »das ganze Bauchfell entzündet, der Bauch voller Eiter, eine komplette Darmlähmung.« Die Gangrän hatte schon auf den Dickdarm übergegriffen. Mit drei Bauchdrains und einem Dauertropf wurde er auf die Intensivstation verlegt. Es begann ein Ringen mit dem Tode, das volle zehn Tage anhielt. Jeder Schluck Tee oder Wasser kam oben heraus, nichts ging unten. Die Darmlähmung war nicht zu beheben. Zehn Tage ohne Essen und Trinken, nur mit dem Dauertropf, dazu rasende Schmerzen. Erika und ich wechselten uns ab, saßen Tag und Nacht an seinem Bett, um auf jeden Fall bei ihm zu sein, wenn das Ende käme.

Ich machte mir schwere Vorwürfe, daß ich ihn so lange in jenem ersten Krankenhaus gelassen hatte, wo ich doch selber gesehen hatte, was hätte getan werden müssen. Ich sagte: »Lieber Gott, das darf doch nicht wahr sein, fast zwei Jahrzehnte lang war ich im Busch und in der Wuste, und nie ist es mir passiert, daß mir ein Patient an Blinddarmentzündung gestorben ist – und nun soll mein eigener Sohn in Deutschland, wo die Krankenhäuser aufs beste ausgerüstet sind und wo es alle Hilfsmittel gibt, ausgerechnet an Blinddarmentzündung sterben!«

Mit kaum hörbarer Stimme sagte Cornelius: »Vater, es sieht ja so aus, als ob ich sterben müsse. Aber ich habe bis jetzt nur Schönes und Gutes erlebt, nie Kummer gehabt. Ihr seid so gute Eltern gewesen. So hat es sich für mich doch gelohnt, daß ich gelebt habe. Wenn ich aber doch gesund werden sollte, dann war diese Erfahrung auch gut für mich! Später, wenn ich einmal Arzt bin, kann ich dann viel besser mit meinen Patienten mitfühlen. Macht euch also keinen Kummer, es ist alles recht, wie es auch kommt.«

Wir durften ihn gesund mit nach Hause nehmen. Er hat später noch mehrere schwere Operationen aushalten müssen, aber diese erste war für ihn der Prüfstein gewesen, der ihn für das Kommende gestärkt hat.

Nichts zu verschenken?

Wir haben einmal eine Patientin gehabt, die schrecklich auf unseren Nerven herumgetrampelt ist. Eine ältere Rentnerin, Heimatvertriebene, die hundertundfünfzig oder mehr Krankheiten hatte, Tag und Nacht den Doktor anrief, er müsse sofort kommen, ihr gehe es ganz schlecht, und wenn man dann hinraste, war alles blinder Alarm. Sie war fremd in das Dorf gezogen, weil sie durch eine Zeitungsanzeige eine Wohnung gefunden hatte; sie kannte keine Menschenseele. Immerzu jammerte sie: »Um mich kümmert sich kein Mensch, ich bin ganz allein, hilflos und verlassen. Wenn ich Sie nicht hätte, Herr Doktor, wäre ich ganz verloren. Sie sind meine einzige Zuflucht. Gelt, Sie sind mir nicht böse, daß ich Sie so oft rufe?«

»Nein, böse bin ich nicht, aber ich habe außer Ihnen noch so viele andere Patienten, daß ich es mir einfach nicht leisten kann, wegen jedem Käsdreck zu Ihnen herüberzufahren. Hier im Ort gibt es viele nette und hilfsbereite Menschen. Sie müssen nur Anschluß suchen, dann werden Sie es schon selber merken. Wenn Sie erst wieder Umgang mit andern Menschen haben, vergessen Sie Ihre Wehwehchen und wenden sich dem Leben wieder zu.«

»Ach nein, mich regt alles auf, der Verkehr auf der Straße – denken Sie, neulich habe ich am Fenster gesessen und in einer Stunde hundertundzwanzig Autos gezählt, die vorbeigefahren sind –, Kindergeschrei regt mich auf, die Fernsehantenne auf dem Dach, wenn der Wind durch sie durchheult – wwwu-uuuh, wwwuuuh –, die Hausleute, wenn sie sich streiten, einfach alles. Nachts kann ich nicht schlafen, tags bin ich müde. Ich bräuchte eben jemanden, der sich um mich kümmert.«

Aus zwei Altersheimen, wo man sich um sie gekümmert hatte, war sie wieder ausgezogen.

»Wenn Sie von jemand etwas nehmen wollen, müssen Sie auch bereit sein, etwas zu geben. Nehmen und geben sind eine Wechselbeziehung, das eine gibt es nicht ohne das andere!«

»Was habe ich denn schon zu verschenken? Ich habe nur meine kleine Rente, meinen ganzen Besitz habe ich drüben lassen müssen. Ich bin alt und krank, was also soll ich schon verschenken können?«

»Ich will Ihnen mal ein Erlebnis erzählen, das ich vor vielen Jahren hatte. Es war kurz nach dem Zweiten Weltkrieg, als eine nicht mehr ganz junge Frau mit einem kranken Kind in meine Sprechstunde kam. Nachdem ich das Kind untersucht und ihm etwas verschrieben hatte, erzählte mir die Frau, daß dies nicht ihr eigenes Kind sei, sondern daß sie es nur in Pflege habe. ›Ich bin von drüben gekommen‹, sagte sie, ›hatte alles verloren, war so arm wie eine Kirchenmaus. Mein Mann war im Krieg gefallen, meine Kinder auf der Flucht umgekommen, erfroren. Eine winzige Wohnung war mir zugewiesen worden. Mir kam das Leben so arm, so öde, so nutzlos und leer vor, daß ich am liebsten meinen Lieben nachgegangen wäre. Früher, zu Hause, ging es uns nicht schlecht. Ich habe immer gerne etwas verschenkt. Nun fragte ich mich: ›Gibt es gar nichts mehr, was du verschenken kannst?‹ Da fiel mir plötzlich ein, daß ich noch Liebe verschenken kann, davon hatte ich noch eine ganze Menge übrigbehalten. Ich ging also aufs Sozialamt und fragte, ob da Kinder wären, die eine Pflegemutter bräuchten. Natürlich waren welche da. Meistens hatten sie zwar noch eine Mutter, aber keinen Vater. Die Mütter, ledig oder geschieden, mußten auf Arbeit gehen und würden die Kinder lieber in Privatpflege geben als in ein Heim. Man gab mir also die Adressen solcher Mütter, ich ging hin und nahm ein paar Kinder zu mir. Teils waren es Tageskinder, die abends von ihrer Mutter abgeholt wurden, teils hatte ich sie nur die Woche über bis zum Wochenende, teils überhaupt ganz. Wenn die Situation der Mütter sich änderte, durch Heirat oder einen anderen Umstand, so daß sie ihre Kinder wieder selber versorgen konnten, habe ich sie wieder abgegeben.‹

›Hat es Ihnen dann nicht leid getan, sie hergeben zu müssen, wenn Sie sich so an sie gewöhnt hatten?‹

»Nein, denn ich hatte es mir ja von Anfang an vorgenommen, sie nur so lange zu behalten, bis ihre richtige Mutter sie wieder zu sich nehmen könnte. Ich wollte keinen Anspruch auf sie erheben, ich wollte ihnen nur Liebe schenken, solange sie mich brauchten. Opfer? Nein, Opfer habe ich keines zu bringen brauchen, denn ich wurde ja vom Sozialamt oder von der Kindesmutter bezahlt für die Pflege. Aber ich hatte trotzdem etwas zu verschenken, und das gab meinem Leben einen neuen Sinn und Inhalt. Erst seitdem freue ich mich wieder, daß ich am Leben geblieben bin.‹

Sehen Sie«, sagte ich zu meiner alten Jammerliese, »etwas hat auch der Ärmste noch zu verschenken. Verschenken Sie jemandem Ihre Liebe, und Sie werden sehen, daß auch Sie Liebe empfangen. Nur wenn Sie so wie jetzt weiterleben wollen, kann Ihnen keiner mehr helfen, Sie werden dann einsam und verlassen sterben.«

Anhalter

Oft und gerne nehme ich Anhalter mit. Zwar wird immer wieder davor gewarnt, und man hört und liest, was einem dabei alles passieren kann. Aber ich bin in meiner Jugend, als ich mir noch kein Motorfahrzeug leisten konnte und Eisenbahnfahren erst recht viel zu teuer war, oft und gern als Anhalter gereist. Meine längste und abenteuerlichste Anhalterreise war, als ich nach Ausbruch des arabisch-israelischen Krieges mit meiner Frau und vieren unserer Kinder von Syrien nach Deutschland flüchtete – viereinhalbtausend Kilometer ohne Geld und ohne Pässe! So etwas verpflichtet – oder? Zudem kann man auch ganz interessante Erlebnisse haben, wenn man Anhalter mitnimmt.

Einmal stand ein junger Mann an der Straße mit kahlgeschorenem Kopf, Lederjacke mit vielen Nägeln, Lederhose mit Indianerfransen an der Seite, Cowboystiefelchen mit hohen Absätzen und metallbeschlagenen Spitzen, dazu noch der obligatorische Ohrring in einem Ohr, der typische Rocker also. Kaum war er eingestiegen und ich losgefahren, sagte er unvermittelt: »Sie brauchen keine Angst vor mir zu haben, weil ich so aussehe, ich tu Ihnen nichts.«

»Wenn ich Angst hätte, dann hätte ich Sie ja gar nicht mitgenommen, oder?«

»Und wie kommt es, daß Sie keine Angst haben, so alt wie Sie sind? Sicher haben Sie doch auch schon gehört, wie oft Mitnehmer von Anhaltern überfallen und ausgeraubt werden.«

»Erstens gibt es bei mir nicht viel zu rauben. Ich bin ein Landarzt und fahre zu meinen alten Patienten. Da nehme ich nicht viel Geld mit, da ich kaum welches brauche. Die paar Mark, die ich in meinem Geldbeutel habe, würde ich Ihnen auch so geben, wenn Sie es nötig hätten. Und zweitens weiß ich gut, daß einer, der so aussieht wie Sie, deshalb noch lange kein Verbrecher sein muß. Ich bin in meiner Jugend auch gerne in ausgefallenen Klamotten herumgelaufen, freilich anderen als Sie sie anhaben.«

»Jetzt werden Sie aber lachen, ich *bin* ein Verbrecher, ich komme gerade aus dem Gefängnis.«

»So? Nun, dann werden Sie Ihre Freiheit sicher nicht gerade damit einweihen, daß Sie einen Mitnehmer ausrauben, nehme ich an.«

»Ja, da haben Sie recht. Aber ich wundere mich, daß Sie so kein bißchen geschockt sind.«

»Ach wissen Sie, ich habe in meinem Leben schon so viel erlebt, mich wirft so schnell nichts um. Und wenn Sie wissen wollen, wieso ich Anhalter mitnehme, dann erzähle ich Ihnen mal eine Geschichte.« Und ich erzählte ihm von unserer Anhalterreise von Syrien nach Deutschland, ohne Geld und ohne Pässe, mit vier kleinen Kindern. Er sperrte Mund und Ohren auf.

»So etwas Abenteuerliches habe ich in meinem ganzen Leben noch nicht gehört. Was hatten Sie denn in Syrien getan? War es eine Urlaubsreise?«

Ich sagte, daß ich dort als Missionsarzt gearbeitet hatte, und daraus ergab sich ganz von selbst ein religiöses Gespräch. Er wurde sehr nachdenklich. Nun mußte ich ihn aussteigen lassen, da er in eine andere Richtung fahren wollte als ich.

»Wenn es einen lieben Gott gibt«, meinte er, »dann hat er Sie heute geschickt, daß Sie mich mitnehmen. Ich war bei meiner Entlassung so voller Angst vor der Zukunft, nun habe ich keine Angst mehr. Ich will bestimmt über alles nachdenken, was Sie mir gesagt haben, und ich danke Ihnen, nicht nur fürs Mitnehmen, sondern vor allem für Ihr Gespräch, für Ihr Verständnis.«

»Den lieben Gott gibt es hundertprozentig sicher, ich habe es selbst erfahren, als ich in einer ganz ausweglosen Situation war. Und daß er mich geschickt hat, um Sie mitzunehmen, das dürfen Sie auch glauben. Seien Sie Gott befohlen!«

Auf dem Weg ins Nachbardorf muß ich bei meinen Hausbesuchen einen steilen Berg hinauffahren. Ein altes Weiblein steht da und verschnauft sich. Es sieht so aus, als ob sie es nicht mehr schaffen könne den Berg hinauf. Sie winkt nicht, offenbar traut sie sich nicht. Ich halte an und frage, wohin sie wolle.

»Ins Altersheim, in die Hochmühle.«

»Das liegt zwar nicht an meinem Weg, aber steigen Sie ein, ich bringe Sie hin.«

»Aber das kann ich doch nicht annehmen, daß Sie meinetwegen einen Umweg machen.«

»Doch, doch, es steht geschrieben: ›So jemand dich bittet, eine Meile mit ihm zu gehen, so gehe zwei mit ihm!‹«

»Sind Sie ein Christ?«

»Ja.«

»Darf ich fragen, wer und was Sie sind?«

»Mein Name ist Dollinger und ich bin der Doktor in diesem Gebiet.«

»Ach, das tut mir aber gut. Ich bin erst vor kurzem ins Altersheim gekommen, kenne keinen Menschen, und mir war das Herz so schwer. Sicher betreuen Sie auch mein Altersheim, dann werde ich ja Ihre Patientin und habe nun gleich einen Bekannten, der meines Sinnes ist. Jetzt ist mir's gleich viel leichter.«

Wir sind bei der Hochmühle angekommen, und als sie aussteigt, lade ich sie für nächsten Mittwoch nachmittag, wo wir keine Sprechstunde haben, zu uns zum Kaffee ein. Da hat sie sich dann alles von der Seele geredet, was sie bedrückt hat. Daß die Kinder alle berufstätig seien und keines Zeit habe, sie zu betreuen. Daher habe man sie ins Altersheim getan, aber leider so weit fort von daheim, daß sie kaum Besuch bekomme.

»Aber nun, wo ich Sie kenne, fühle ich mich gar nicht mehr einsam und verlassen«, meint sie.

Sie hat noch viel leiden müssen, bis der Tod gekommen ist. Aber bei meinen Krankenbesuchen hat sie immer wieder davon angefangen, wie gut ihr das getan habe, als ich sie damals »aufgelesen« habe.

Auf der Heimfahrt vom Krankenhausnachtdienst stand ein dickliches Dauerwellenmuttchen an der Straße und winkte. Sie mochte Mitte bis Ende Dreißig sein und hatte eine stroh-geflochtene Einkaufstasche am Arm.

Kaum war sie eingestiegen, fing sie an, mich auszufragen: Wo ich herkäme, wo ich hinführe, ob ich verheiratet sei, ob ich Kinder habe, was ich von Beruf sei, wie alt ich sei. »Die ist aber mal neugierig«, denke ich. »Jetzt drehst du mal den Spieß um und fragst *sie* aus.«

»Und Sie? Sind Sie beruflich unterwegs?«

»Ja, das kann man so sagen.«

»Was tun Sie denn?«

»Ich verdiene mein Geld auf der Straße.«

Begriffsstutzig frage ich: »Wie soll ich das verstehen?«

»Na, tun Sie doch nicht so, als ob Sie das nicht wüßten! Warum haben Sie mich denn mitgenommen?«

Nun dämmert es bei mir. »Wie? Sie wollen doch nicht sagen, daß Sie hier, am hellichten Tage...?«

»Freilich, meinen Sie vielleicht, ich arbeite bei Nacht? Nein, da hätte ich viel zuviel Angst, es gibt ja heutzutage so viele Verbrecher. Ich halte genau meine Dienststunden ein. Um acht Uhr, wenn mein Mädel in die Schule gegangen ist und ich aufgeräumt habe, gehe ich fort, und um 17 Uhr mache ich Feierabend. Mein Mädel, dreizehn Jahre alt, meint, ich ar-beite in einem Supermarkt als Kassiererin, da muß ich schon pünktlich nach Hause kommen, denn die soll *ja* nicht erfah-ren, *was* ich mache.«

»Ja, aber wo tun Sie denn Ihre ›Arbeit‹, und woher wissen Sie denn, daß der Mitnehmer das von Ihnen will?«

»Also, wenn ein einzeln fahrender Herr eine alleinstehende Frau an der Straße mitnimmt, so versteht sich das von selber, was er von ihr und was sie von ihm will, man braucht nur noch den Preis auszumachen. Na, und beim nächsten Wäld-chen, das am Wege liegt, hält man eben an und tut seine Ar-beit. Dann fährt er weiter, und ich warte auf den nächsten. Aber mir scheint, daß Sie nichts von mir wollen, da können

Sie mich ja gleich aussteigen lassen, damit ich meine Zeit nicht versäume.«

Ich gestehe, daß ich ganz bestimmt nichts von ihr will, aber meine angeborene Neugier treibt mich doch, sie zu fragen, wie sie dazu gekommen sei, auf diese Weise ihr Brot zu verdienen. Es ist die alte Geschichte. Der erste Freund, den sie hatte, ließ sie sitzen, als sie schwanger war, und machte sich aus dem Staube, so daß sie keine Alimente bekam und selber für ihr Kind aufkommen mußte. Sie hatte keinen Beruf erlernt, so daß sie als Hilfsarbeiterin nur sehr wenig verdient hätte. Aber sie hatte sich geschworen, ihr Töchterchen solle einmal »etwas Besseres« werden, womöglich gar studieren, und so mußte sie sich nach einer ergiebigeren Verdienstquelle umsehen. Sie lebte ein Doppelleben. Zu Hause, vor ihrer Tochter und den Nachbarn, war sie die biedere Kassiererin im Supermarkt, und kein Mensch ahnte, womit sie ihren Unterhalt verdiente, um so weniger, als sie kein bißchen geschminkt und zurechtgemacht war, also in keiner Weise aussah wie »so eine«.

»Ich bin weit entfernt davon, Sie zu verurteilen oder zu verdammen. Aber Sie müssen sich doch selber sagen, daß Sie dieses Doppelleben nicht auf die Dauer aufrechterhalten können. Irgendwann kommt es ja doch heraus, vielleicht durch einen Mann, der in Ihrem Ort wohnt. Und Ihre Tochter, die Sie so sehr behüten wollen, wird eines Tages sicher merken, was los ist. Wie stehen Sie dann vor ihr da? Geben Sie es doch auf und werden Sie das, wofür Sie sich ausgeben, Kassiererin in einem Supermarkt. Das können Sie doch lernen und Sie verdienen dabei so viel, daß Sie sich und Ihr Kind erhalten können.«

»Meinen Sie? Darauf bin ich noch gar nicht gekommen. Ich bin Ihnen sehr dankbar für Ihren Rat und will es wirklich probieren. So haben Sie mich also doch nicht vergeblich mitgenommen, wie ich zuerst dachte. Alles Gute für Sie und Ihre Familie und vielen Dank!«

Er habe eines Tages einen halbwüchsigen Jungen von der Straße mitgenommen und ihn gefragt, wohin er wolle. »Egal wohin, nur fort von hier, möglichst weit«, sagte der Junge.

Das kam ihm verdächtig vor, er fragte weiter und fand schließlich heraus, daß es ein »Ausreißer« war. Bei der nächsten Ausfahrt fuhr er heraus und in die entgegengesetzte Richtung, also zurück. »Wo fahren Sie denn hin?«

»Zu dir nach Hause.«

»Halten Sie an, ich will raus, ich *geh* nicht mehr nach Hause.«

Er habe sich gedacht, wenn er jetzt anhalte, um ein Gespräch mit dem Jungen zu führen, würde dieser herausspringen und er könne gar nichts erreichen. Also weiterfahren trotz aller Proteste. Er habe es doch fertiggebracht, den Jungen zum Reden zu bringen. Voller Bitterkeit habe er gesagt, seine Eltern wollten immer etwas anderes als er, sie verstünden ihn überhaupt nicht, und darum wolle er fort, nur fort, nur fort.

»Aber du mußt doch selber einsehen, daß du nicht weit kommen wirst. Wenn du heute abend nicht daheim bist, werden sie die Polizei verständigen, man wird über das Radio deine Personalien durchgeben, und in ein, zwei Tagen haben sie dich und bringen dich heim. Da kannst du dich genausogut jetzt von mir heimbringen lassen. Wenn du willst, gehe ich mit zu deinen Eltern und spreche mit ihnen. Weißt du, ich habe selber Kinder und weiß, wie schwer es oft ist, ihre Wünsche mit meinen Vorstellungen unter einen Hut zu bringen. Aber glaube mir, Eltern meinen es auch dann gut, wenn sie nicht alle Wünsche ihrer Kinder erfüllen. Also, wie ist's? Wo wohnst du? Soll ich dich heimbringen?«

Kleinlaut gibt er nach. Der Mitnehmer hat zwar irgendwo einen geschäftlichen Termin, aber er denkt, der sei jetzt nicht so wichtig wie der Ausreißer. Er hält bei der nächsten Telefonzelle an und sagt seinen Termin ab, weil er dringend verhindert sei.

Zu Hause bei dem Jungen schauen die Eltern verwundert drein, als ein wildfremder Mann ihren Jungen abliefert mit den Worten: »Hier bringe ich Ihnen Ihren Ausreißer zurück.«

Es spinnt sich ein Gespräch an, der Mitnehmer berichtet den Eltern von seinen eigenen Erfahrungen mit seinen Kindern. Sie zeigen sich einsichtig, der Junge gibt seine Trotzhaltung auf, und alle drei bedanken sich. Sie laden ihn ein, bei ihnen zu übernachten, da es zum Heimfahren schon zu spät geworden ist.

Mein Patient hat also nicht nur eine Meile zugelegt, sondern gleich ein paar hundert. Aber es hat sich gelohnt.

Der Tod kehrt ein

Ich bin dem Tod unzählige Male und in mancherlei Gestalt begegnet. Im Krieg war es ein Tod der Gewalt. In den dreiundfünfzig Jahren meiner ärztlichen Tätigkeit war es meist ein Tod nach kurzer oder längerer Krankheit. Ich habe Neugeborene, Kinder, Jugendliche, ältere und ganz alte Menschen sterben sehen. Bald kam der Tod unerwartet und schlug wie mit dem Beil zu, ein andermal sah man ihn langsam schleichend herankommen, und wenn er dann endlich da war, empfand ihn schließlich jeder nur als Freund.

Meine Eltern sind alt und hochbetagt gestorben, und ihr Tod war das Natürlichste von der Welt.

Und nun war der Tod viele Jahre danach wieder in unsere Familie gekommen und hatte sich Mathis, unseren jüngsten Sohn, geholt. Er hatte in Rumänien studiert, weil er in Deutschland keinen Studienplatz bekommen hatte. Auf der Heimfahrt in die Weihnachtsferien hatte er einen Autounfall erlitten, an dessen Folgen er einundvierzig Stunden danach starb, ohne das Bewußtsein zu erlangen. Wie immer hatten sie Fahrgemeinschaften gebildet, so daß einer fuhr, während die anderen schliefen. Fünfzehn Kilometer vor der ungarischen Stadt Szolnok meinte er zu seiner Mitfahrerin: »Ich bin müde, fahr du ein Weilchen. Wenn du Schwierigkeiten hast, dann wecke mich auf.« Kurz darauf krachte es. Die Fahrerin hatte zu spät bemerkt, daß die Hauptstraße eine Rechtskurve machte, während der Weg, der geradeaus führte, eine Seitenstraße war. Anstatt anzuhalten und zurückzustoßen auf die Hauptstraße, riß sie das Steuer herum, um die Kurve noch zu bekommen. Der Wagen kam ins Schleudern und krachte gegen einen Laternenpfahl. Mathis wurde die rechte Schädelseite eingedrückt. Er war sofort bewußtlos und hat wohl bis zu seinem Tode keine Schmerzen zu erleiden brauchen. Der Mitfahrer auf dem Rücksitz, ein junger Costaricaner, den Mathis hatte mit zu uns nach Hause bringen wollen, hatte geschlafen und wachte erst zwei Tage später im Krankenhaus wieder auf aus seiner Bewußtlosigkeit. Auch er hatte einen Schädelbruch, wobei der Gesichtsnerv in den Bruchspalt eingeklemmt wurde, so daß die halbe Gesichtshälfte gelähmt war.

Nachts um halb drei läutete das Telefon: »Ihr Mathis hat einen Autounfall erlitten, in Ungarn, es steht ganz schlimm, kommen Sie sofort. Er ist in Szolnok, hundert Kilometer von Budapest. Sie werden, wenn alles glatt geht, fünfzehn Stunden für die Fahrt brauchen.«

Wir beratschlagten: Sollen wir beide fahren, soll ich alleine fahren, oder wen soll ich mitnehmen? Einen unserer beiden Söhne aus Würzburg mitzunehmen, hätte zuviel Zeitverlust bedeutet; allein wollte ich die weite Reise nicht machen. Ich weckte daher unseren Munir auf, der nicht lange fackelte und in seine Kleider fuhr. Unverzüglich machten wir uns auf die Reise. Es war ein gräßliches Schneetreiben, die Autobahn war vereist, dichter Nebel behinderte die Sicht. Da es ja sinnlos war, auch unser Leben zu riskieren, mußten wir mit Nebelleuchten sehr langsam fahren, wobei viel Zeit verlorenging. Endlich waren wir in Budapest, aber die Fahrt durch diese Stadt war ein Alptraum. Nach über einer Stunde Umherirren fanden wir endlich eine Passantin, die Deutsch verstand. Sie erbot sich, mit uns zu fahren, bis wir aus der Stadt heraus und auf dem richtigen Weg wären, die Gute! Sie selbst wollte dann mit der Straßenbahn nach Hause fahren. Gott lohne ihr irgendwann einmal ihren Liebesdienst!

In Szolnok im Krankenhaus sagten mir die Ärzte, daß Mathis klinisch tot sei und nur noch künstlich so lange am Leben gehalten werde, bis das Herz aufhöre, zu schlagen. Ich konnte nichts weiter tun, als Gott bitten: »Laß ihn sterben, nimm ihn zu Dir!«

Als es dann so weit war, bot ich der Polizei an, das Geld für seine Überführungskosten zu hinterlegen, damit alles schneller und reibungsloser abgewickelt werden könne. »Nein, nein«, hatte man mir geantwortet, »fahren Sie ruhig, das geht bei uns alles über die staatlichen Stellen, die Rechnung bekommen Sie dann zugestellt.«

Auf der Heimfahrt, als ich wie betäubt von diesem unerwarteten Schlag darüber nachdachte, *wo* ich Trost hernehmen könne, fiel mir ein, wie oft ich schon in meinem Leben das Buch Hiob gelesen hatte. Dabei hatte ich immer denken müssen: Wie würdest du reagieren, wenn dir so etwas zustieße wie dem Hiob?

Jetzt war der Fall eingetreten. »Haben wir Gutes vom Herrn empfangen und sollten das Böse nicht auch hinnehmen?« So hatte Hiob gesagt. Und ich nahm mir vor, es auch so zu halten wie er. »Der Herr hat's gegeben, der Herr hat's genommen. Der Name des Herrn sei gelobt«, hatte Hiob gesagt. Ich dachte: Das erste? Ja. Das zweite? Ja. Aber das dritte auch? Kannst du wirklich von mir erwarten, Gott, daß ich dich auch noch loben soll? Nein, das geht über meine Kraft und über meine Glaubensstärke. Ich bin kein Hiob, nicht einmal ein Hiob 1 : 100 000. Immer und immer wiederholte ich den Spruch und fragte mich, was es da zu loben gibt, wenn einem das Liebste genommen wird. Stillhalten und nicht murren, das ja, aber auch noch loben? Nein, loben nicht! Und während ich noch so am Ringen mit mir selbst war, fiel mir auf einmal ein, was alles für Mathis hätte schlimmer sein können als der Tod: querschnittsgelähmt im Rollstuhl sitzen, den Verstand verloren haben und nur noch lallen anstatt zu sprechen, und dies vielleicht noch viele, viele Jahre, ja Jahrzehnte lang – ja, das wäre schlimmer für ihn gewesen. Auch mußte ich an den Kummer und das Leid denken, das keinem Menschen im Leben erspart bleibt – alles war Mathis erspart geblieben.

Noch kurz vorher hatte er mir zu meinem Geburtstag geschrieben: »Gerne wäre ich bei Verenas (seiner Nichte) Taufe dabeigewesen. Unsere Familienfeste sind immer super; erst wenn man für längere Zeit von zu Hause weg ist, merkt man so richtig, was es heißt, eine so tolle und gut funktionierende Familie zu haben. Früher dachte ich manchmal, daß Familie doch ein völlig zufällig zusammengewürfelter Haufe ist, den man sich nicht selbst aussuchen kann, so wie Freunde. Aber seit ich im Ausland bin, merke ich, daß Familie doch etwas Grundverschiedenes ist, als Freunde. Langer Rede kurzer Sinn: Ich hab' ein echt Wahnsinns-Schwein gehabt, daß ich in so eine Familie hineingeboren worden bin. Ich weiß, daß die Freundschaft unter Geschwistern, zumindest bei uns, nie auseinanderbrechen wird. An dieser Stelle möchte ich Dir und Mutter noch einmal danken, daß Ihr mir einen so guten Start ins Leben gegeben habt und es noch immer tut, von materiellen Dingen einmal ganz abgesehen...«

All das ging mir im Kopf herum, und plötzlich überkam mich eine Freude: wenigstens die dreiundzwanzig Jahre, die er gelebt hat, sind schön gewesen. Das Leben, das Gelebthaben, hat sich für ihn gelohnt. Auf einmal wußte ich: Ja, auch jetzt noch kannst du Gott loben! Er wird dir helfen, diesen Verlust zu überwinden, und er hat Mathis einen schnellen, schmerzlosen Tod beschieden nach einem kurzen, aber schönen Leben.

So haben Erika und ich uns entschlossen, Hiobs Botschaft an uns über Jahrtausende hinweg auf die Todesanzeige drucken zu lassen als Trost und Hilfe für Eltern, denen es so geht wie uns. Viele Menschen schrieben und sagten uns, sie wollten sich unsere Anzeige aufheben für den Tag, wo es ihnen vielleicht ebenso erginge wie uns. Das hat uns gutgetan.

Bei seinem Begräbnis spielte der Posaunenchor: »Tut mir auf die schöne Pforte, führt in Gottes Haus mich ein; ach wie wird an diesem Orte meine Seele fröhlich sein! Hier ist Gottes Angesicht, hier ist lauter Trost und Licht.« Dieses Lied hatte Mathis als kleiner Knirps als sein erstes Trompetenlied im Posaunenchor mitgespielt, und der Chorleiter hatte das noch gewußt.

Ich glaube, den meisten Menschen wird es gehen wie uns: Wenn man ein Kind verliert, hat man das Gefühl, in einem Sumpf zu stecken, einem Sumpf aus Trauer und Trübsal, und immer tiefer und tiefer einzusinken, bis man nicht mehr heraus kann. Uns sind da die vielen teilnehmenden Menschen vorgekommen wie Tauzieher, die uns an einem festen Strick vom Ufer aus diesem Sumpf herauszogen. Uns hat das unheimlich gutgetan und geholfen, wieder Boden unter die Füße zu bekommen.

»Haben wir Gutes von Gott empfangen,
und sollten das Böse nicht auch annehmen?
Der Herr hat's gegeben, der Herr hat's genommen,
der Name des Herrn sei gelobt!«   Hiob

Wir trauern um unseren

MATHIS
stud. med.

Er starb am 16. 12. 1983 im Alter von 23 Jahren
an den Folgen eines Verkehrsunfalles in Ungarn
auf dem Heimweg von Rumänien.

Auf der Heimreise von Ungarn fielen mir die Verse meines Lieblingsdichters Paul Gerhardt ein:

»Seine Strafen, seine Schläge, ob sie mir gleich bitter seind, dennoch, wenn ich's recht erwäge, sind es Zeichen, daß mein Freund, der mich liebet, mein gedenke und mich von der schnöden Welt, die uns hart gefangen hält, durch das Kreuze zu ihm lenke. Alles Ding währt seine Zeit, Gottes Lieb in Ewigkeit.

Das weiß ich fürwahr und lasse mir's nicht aus dem Sinne gehn: Christenkreuz hat seine Maße und muß endlich stille stehn. Wenn der Winter ausgeschneiet, tritt der schöne Sommer ein; also wird auch nach der Pein, wer's erwarten kann, erfreuet. Alles Ding währt seine Zeit, Gottes Lieb in Ewigkeit.«

Der Wikinger

Seit fünfundzwanzig Jahren habe ich Assistenten in meiner Praxis, die entweder ihr vorgeschriebenes Landpraktikum für die Kassenzulassung oder ihre Praxiszeit für die Allgemeinarztanerkennung absolvieren. Es dürften mittlerweile so um 90 gewesen sein, und es waren die unterschiedlichsten Typen darunter. Solche, mit denen wir uns so angefreundet haben, daß es bis zum Onkel-Tante-Sagen kam, andere, von denen wir sporadisch hören, wenn etwas Einschneidendes in ihrem Leben passiert, manche, für die wir die letzte Zuflucht sind, wenn sie in seelischen Nöten sind. Solche, an die wir gerne zurückdenken, andere, die wir total vergessen haben, und wiederum einige, an die wir uns nur mit Schaudern erinnern.

Einer ist mir besonders im Gedächtnis haften geblieben, wir nannten ihn den Wikinger. Er war fast zwei Meter groß, so breit wie ein Schrank, hatte eine wallende rote Mähne, wie sie damals in den siebziger Jahren Mode war, und dazu einen roten Rauschebart. Genau so stellt man sich die alten Wikinger vor, darum sein Spitzname. Trotz seines wildverwegenen Aussehens hatte er eine liebenswürdige, verständnisvolle Art, mit den Patienten umzugehen, und auch gegen uns war sein Benehmen äußerst wohlerzogen und höflich. Wir hatten ihn gern.

Eines Tages, nachdem wir vor dem Essen gebetet hatten: »Komm, Herr Jesu, sei unser Gast und segne, was du uns bescheret hast«, meinte er: »Warum sagen Sie das immer, er kommt ja doch nie!«

Ich: »Wieso, er ist doch alle Tage hier und ißt bei uns.«

»Ich habe ihn aber noch nie gesehen.«

»Klar, denn Sie können sich ja nicht selber sehen.«

»Was meinen Sie damit?«

»Na, was denn schon, daß *Sie* es sind, natürlich.«

»Ich? Wie soll ich das verstehen? Sie halten mich für den Herrn Jesus? Vielleicht wegen meines Bartes und meiner langen Haare?«

»Aber nein, erinnern Sie sich denn nicht, was er gesagt hat? ›Ich bin hungrig gewesen und ihr habt mir zu essen gegeben, ich bin durstig gewesen und ihr habt mir zu trinken gegeben … alles, was ihr getan habt einem dieser Geringsten unter meinen Brüdern, das habt ihr *mir* getan.‹«

»Also bin ich einer der Geringsten, meinen Sie?«

»Sie müssen selber wissen, wie Sie sich einschätzen. Aber ich denke, auch für einen Akademiker gilt Jesu Aussage, Sie sitzen also stellvertretend für ihn an unserem Tisch.«

»Und wenn Sie einmal keinen Gast haben?«

»Das kommt zwar selten vor bei uns, aber dann ist Jesus unsichtbar bei uns, wir spüren seine Nähe.«

»Dies ist das erste Mal, daß ich einen Sinn in diesem Gebet sehe. Früher dachte ich so oft, ›was für ein Quatsch, so etwas daherzuplappern‹.«

Von da an hat er immer mitgebetet.

Der Wikinger hatte uns erzählt, daß er sich – aus uns unbekannten Gründen – mit seinen Eltern überworfen hatte. Sein Vater war Arzt, machte trotz hohen Alters immer noch Praxis in der Hoffnung, sein Sohn werde eines Tages doch wieder heimkommen und die Praxis übernehmen. Aber der Wikinger war fest entschlossen, daß das nie in Frage käme. Die Kluft sei zu tief, als daß sie noch überbrückt werden könne.

Er war Psychotherapeut oder wollte es werden, und abends nach der Sprechstunde saßen dann seine Psychopatienten und -innen stundenlang bei ihm und schütteten ihm ihr Herz aus. Er ging mit einer Engelsgeduld auf ihre Probleme ein, und es machte ihm gar nichts aus, wie spät es wurde oder ob er einen zwölf- bis vierzehnstündigen Arbeitstag hatte. So war er sehr beliebt und geschätzt.

Einmal, nachdem sein letzter Patient gegangen war, fragte ich ihn, wie er das eigentlich unter einen Hut bringe, seine Patienten in ihren Problemen zu beraten, wenn er es noch nicht einmal fertigbringe, mit seinen eigenen Eltern ein erträgliches Verhältnis herzustellen.

»Wissen Sie«, sagte ich, »daß Kinder nicht die gleichen Ziele und Vorstellungen haben wie ihre Eltern, ist ja keine Seltenheit. Aber wie weit die sich auch vom Wunschdenken der Eltern entfernen, so ist doch eines ganz gewiß, daß Eltern nur das Beste für ihre Kinder wollen. Und das kann man ihnen doch nicht so sehr verübeln, daß man gar nichts mehr mit ihnen zu schaffen haben will? Irgendeinen Weg muß es doch geben, Ihre Eltern davon zu überzeugen, daß Ihre Ziele sich nicht mit den ihrigen decken, und daß Sie sie trotzdem lieb haben und heimkommen möchten. Wenn Sie das nicht fertigbringen, dann halte ich es für besser, Sie hängen Ihre ganze Psychotherapie an den Nagel.«

»Ja, so habe ich es noch nie gesehen, aber ich gebe zu, daß Sie recht haben. Ich verspreche Ihnen, darüber nachzudenken.« Nachdem seine Zeit bei uns abgelaufen war, haben wir länger nichts mehr von ihm gehört.

Dann kam eines Tages ein schwarzumrandeter Brief. Seine Mutter teilte uns den Tod ihres Mannes mit. »Unser Sohn ist eines Tages ganz unerwartet nach Hause gekommen. Er hat uns erzählt, was Sie zu ihm gesagt haben. Er habe reiflich darüber nachgedacht und sei nun gekommen, um Frieden zu schließen. Auch seine beruflichen Vorstellungen habe er revidiert, und wenn sein Vater ihn noch wolle, würde er gerne in die Praxis eintreten. Diese war, da mein Mann schon über achtzig war, zwar ziemlich zusammengeschrumpft, aber als beide, Vater und Sohn, da tätig waren, kamen bald mehr Patienten, und sie blühte wieder auf.

So war die letzte Lebenszeit meines Mannes überstrahlt von der Harmonie, die zwischen ihm und unserem Sohn herrschte, und er ist in hohem Alter gerne und ohne zu klagen gestorben. Ich möchte Ihnen, auch im Namen meines verstorbenen Mannes, ganz herzlich danken für das, was Sie unserem Sohn in Ihrem Hause gegeben haben. Auch das mit dem Tischgebet hat er uns erzählt. Und auch wir haben das dann mit anderen Augen angesehen.«

Konfirmandenrüstzeit

Unser Pfarrer hat mich gebeten, mit auf die Konfirmandenrüstzeit zu kommen und etwas aus meinem Leben zu erzählen. Natürlich habe ich zugesagt. Aber ich frage mich, ob ein alter Mann wie ich noch eine Brücke zu diesen vierzehnjährigen Mädchen und Buben würde schlagen können.

Wie immer, wenn ich nachts bei einem Schwerkranken einen Hausbesuch machen muß und hinterher noch eine oder zwei Stunden wach liege, benütze ich diese stille Zeit, um zuerst für den Patienten, den ich soeben besucht habe, zu beten, und danach über anstehende Probleme nachzudenken. So tue ich es auch diesmal. Ich beschließe, den Kindern ganz einfach zu erzählen, was mir in meinem Leben wichtig geworden ist.

Auf der Rüstzeit sage ich: »Liebe Konfirmanden! Ich kenne euch alle, seit ihr aus dem Mutterleib geschlüpft seid. Die meisten von euch habe ich behandelt, wenn ihr Scharlach, Masern, Windpocken oder Röteln hattet. Ich habe euch in der Babyvorsorge betreut, und ich bin nachts aufgestanden, wenn ihr Ohrenweh oder sonst einen Schmerz hattet. Aber –

ich war schon dreiundsechzig Jahre alt, als ihr geboren wur-
det! Meint ihr, daß so ein alter Mann wie ich euch etwas
erzählen kann, was euch wichtig ist? Die Jugend hat ja ganz
andere Interessen als das Alter, und viele der Jungen denken:
Ach, der weiß doch gar nicht, was heute ›in‹ ist, der kommt
doch nicht mehr mit.

Ich will daher mit einem ganz zeitgemäßen Beispiel anfangen,
nämlich, wie man mit einem unverhofften Schatz umgeht.
Stellt euch vor, einer von euch bekommt einen Brief von
einem Notar. In dem steht, ein Multimillionär habe ihm eine
Million D-Mark in seinem Testament vermacht. Verwundert
fragt sich der Briefempfänger: ›Wie kommt der dazu, mir eine
Million zu hinterlassen? Ich kenne den Mann ja gar nicht.
Wer weiß, was für ein Haken bei der Sache ist.‹ Er ruft also
bei dem Notar an und fragt, wie jener Millionär dazu käme,
ihm so viel Geld zu hinterlassen, er kenne ihn doch gar nicht.
Und welche Bedingungen an das Erbe geknüpft seien. Der
Notar sagt: ›Du kennst zwar den Mann nicht, aber er hat dich
gekannt und Gefallen an dir gefunden, dich liebgewonnen.
Testament kommt aus dem lateinischen testare, das heißt bezeugen. Der Erblasser bezeugt in seinem Testament, daß er
den Erben liebgehabt hat. Daher Testament. Bedingungen
hat er keine gestellt.‹

Der Erbe hat nun zwei Möglichkeiten. Er kann das Erbe
ausschlagen, weil er der Sache nicht traut. Dann bleibt er so
arm wie vorher, es ändert sich gar nichts in seinem Leben.
Oder er nimmt das Erbe an. Dann hat er wiederum zwei
Möglichkeiten: Entweder er tut das Geld auf die Bank, damit es Zinsen trägt, von denen er sich ein schönes Leben machen kann. Er kann sich viele Wünsche erfüllen, von denen
er seither nur geträumt hat. Das wäre zweifellos vernünftig.
Die andere Möglichkeit: Er legt die ganze Million in eine
Schublade und rührt das Geld nicht an. Er hat nur den einen
Genuß, den Gedanken: ›Ich bin reich, reich, reich‹, aber
sonst spielt sich sein Leben genau so ab wie vorher. Das
wäre dumm.

Nun, ganz genau wie in diesem Beispiel ist es mit der Bibel. Sie heißt ja auch Testament. Gott bezeugt darin, daß er uns liebt und uns glücklich machen will. Er hat uns zum Erben eingesetzt, jedem von uns hat er diesen Schatz vermacht, obwohl wir ihn nicht kennen. Aber er kennt und liebt uns. Nun können wir es wie jener Millionenerbe machen. Wir können das Erbe ausschlagen und fragen: ›Wer ist Gott? Ich kenne ihn nicht, ich kann ihn nicht sehen, nicht hören, nicht fühlen. Wie soll ich da seinem Erbe trauen? Was für ein Haken ist bei der Sache? Nein, ich will nichts damit zu tun haben, ich schlage das Erbe aus.‹

Aber wie ist es denn mit dem elektrischen Strom? Wir können ihn nicht sehen, nicht hören, nicht fühlen. Und doch ist er da, es wäre dumm, das zu leugnen. Wir können ihn nur erfahren, wenn wir den Stecker in die Dose stecken. Dann brennt das Licht, oder der Motor, den wir in Gang setzen wollten, läuft. Gott können wir auch nur erfahren, wenn wir den Stecker in die Dose stecken: Wenn wir beten. Natürlich heißt das nicht, daß alle unsere Wünsche erfüllt werden. Oft ist das, was wir uns wünschen, gar nicht gut für uns. Aber wenn wir zu Gott beten, dann hilft er uns, mit unseren Problemen fertig zu werden. Er sagt uns, was wir tun, wie wir uns verhalten sollen, um durch das Leben zu kommen, ohne schlappzumachen oder zu verzweifeln. Wie sagt er uns das? Wie kann ich seinen Willen erkennen?

Eben, indem wir sein Vermächtnis, die Bibel, aufschlagen. Dort finden wir für jede, aber auch jede Lebenslage den Rat, was wir tun sollen. Wenn wir also unser Erbe, die Bibel, benutzen, dann gleichen wir jenem, der seine Million Zinsen tragen läßt, mit denen er sich das Leben schöner und leichter machen kann. Wenn wir die Bibel ins Bücherregal stellen oder auf den Nachttisch legen, ohne sie zu benutzen, dann gleichen wir jenem, der seine Million in die Schublade gelegt hat und trotz seiner Million das Leben eines armen Schluckers führt.

Ihr werdet mich nun fragen: Wo finde ich denn den Spruch

für jede Lebenslage? Die Bibel ist doch so dick, es steht so viel drin. Da müßte ich ja stundenlang suchen, bis ich einen passenden Spruch gefunden hätte?

Als erstes habt ihr die Grundlage im Konfirmandenunterricht bekommen. Sicher habt ihr euch oft gefragt: ›Wozu lernen wir bloß die vielen Bibelsprüche? Die vergessen wir ja doch gleich wieder, wenn wir konfirmiert sind!‹ O nein, da täuscht ihr euch! Ich weiß es aus Erfahrung. Euer Gehirn ist wie ein Computer (in Wirklichkeit ist der Computer dem menschlichen Hirn nachgebildet), da wird alles Aufgenommene gespeichert. Und irgendwann, wenn ihr es braucht, ist es plötzlich da. Es ist, als zöge man eine Schublade auf und nähme etwas heraus. So ging es mir, als ich in meiner Jugend einmal ganz am Boden lag. Ich war arbeitslos, obdachlos, ohne Geld und dazu noch schwer krank. Da fiel mir ein Spruch ein, den ich im Konfirmandenunterricht gelernt hatte, man nennt ihn auch die Telefonnummer Gottes: Psalm 50,15: ›Rufe mich an in der Not, so will ich dich erretten, und du sollst mich preisen.‹ Das tat ich, und mein ganzes Schicksal wendete sich an einem einzigen Tag. Dann fiel mir aber ein, daß vor diesem Spruch in Psalm 50,14 steht: ›Opfere Gott Dank und bezahle dem Höchsten deine Gelübde.‹ Da entschloß ich mich, Missionsarzt zu werden, irgendwohin zu gehen, wo arme Menschen einen Arzt brauchten. Das war ich dann fast achtzehn Jahre lang in verschiedenen Erdteilen.

Von dem Tag an, wo ich ein Christ aus Überzeugung geworden war, fingen meine Frau und ich an, jeden Morgen vor dem Kaffee und jeden Abend nach dem Nachtessen in der Bibel zu lesen und das Vaterunser zu beten. Der Körper braucht Essen und Trinken, um leben zu können. Die Seele braucht geistliche Nahrung, um leben und wachsen zu können. Wenn wir alle Tage diese geistliche Nahrung zu uns nehmen, werden wir mit unseren Problemen viel leichter fertig. Wir verzeihen leichter, wenn man uns Böses antut, wir verzweifeln nicht, wenn wir Schweres erleiden, Krankheit, Tod oder Unglücksfälle, wir ›vermögen alles durch den, der uns mächtig macht, Christus‹. Konfirmation heißt auch Einsegnung. Aber wenn man sieht, wie die meisten Konfirmanden froh sind, wenn sie nach der Christenlehre nicht mehr in die Kirche ›müssen‹, dann kommt es mir eher wie eine Aussegnung vor. Warum geht man in die Kirche? Um dem lieben Gott einen Gefallen zu erweisen? Oder damit die Leute sehen, wie fromm man ist? Keines von beiden. Wir gehen hin, um uns vom Pfarrer sagen zu lassen, was wir in der vergangenen Woche alles falsch gemacht haben und was wir in der kommenden besser machen müssen. In die Kirche gehen soll also kein ›Müssen‹ sein, sondern ein ›Dürfen‹, ein ›Möchten‹.«

Alt werden – alt sein

Ein Sprichwort sagt: »Alt werden wollen alle – alt sein will niemand.«

Bei mir ist es umgekehrt: Ich wollte nie alt werden, aber jetzt, wo ich es bin, bin ich es gerne. Wieso? Nun, wenn man, wie ich, jahraus, jahrein tagtäglich ein paar Dutzend alte Leute zu verarzten hat und zusehen muß, wie sie sich mit ihren Gebrechen herumquälen, ohne daß man viel mehr für sie tun kann, als ihre Schmerzen etwas zu lindern, dann kann einem die Lust, alt zu werden, schon vergehen. Je mehr ich mich diesem unerwünschten Lebensabschnitt näherte, um so öfter sagte ich mir: »Nicht mehr lange, dann ist es auch bei dir soweit, daß du jammerst und krächzt und den Leuten auf den Wecker gehst.«

Da schrieb mir eines Tages eine alte Bekannte, von der ich lange nichts gehört hatte: »Ich bin jetzt neunundachtzig, nie hätte ich gedacht, daß ich so alt werden darf.« *Darf*, schrieb sie, *darf*! Und dabei hatte sie in ihrem Leben genug Schicksalsschläge erfahren. Ihre drei Söhne waren in jungen Jahren ums Leben gekommen. Zwei sind im Krieg gefallen, einer starb an einer Krebserkrankung. Bei einem Luftangriff am Ende des Krieges wurde sie total ausgebombt und verlor all

ihre Habe. Ihr Mann, mit dem sie eine harmonische, glück-
liche Ehe geführt hatte, war schon seit zwanzig Jahren tot.
Gesundheitlich ging es ihr gar nicht gut. Sie litt an Schwindel-
anfällen, fiel dauernd hin und brach sich Knochen und mußte
wieder und wieder ins Krankenhaus. Aber sie lebte gern, sie
empfand es als Geschenk, daß sie noch leben *darf*! Da sagte
ich mir: »Hör auf damit, dir dein Alter in den schwärzesten
Farben auszumalen, und nimm dir ein Beispiel an dieser
Frau!«
Ich fing an, mir jeden alten Menschen, den ich besuchte, als
Vorbild oder als abschreckendes Beispiel zu nehmen: So wie
der/die möchte ich auch einmal werden, so wie der/die will
ich auf keinen Fall werden!
Nun bin ich alt geworden, und ich muß gestehen, daß ich
ausgesprochen gerne alt bin. Was gehört dazu, gerne alt zu
sein?
Erstens: Sich damit abzufinden, daß das Alter nun einmal
unweigerlich gewisse Beschwerden mit sich bringt. Freilich
muß ich zugeben, daß ich noch verhältnismäßig fit bin, und
daß mir außer einigen Alterswehwehchen nichts fehlt.
Zweitens: Man muß sich damit abfinden, daß man nicht
mehr die Rolle spielt, die man einmal gespielt hat. In meinem
Fall heißt das, daß ich froh bin, wenn ich meinen beiden Söhnen, die die Praxis weiterführen, noch zur Hand gehen kann,
ihnen allerlei zeitraubende oder weniger angenehme Arbeiten
abnehmen kann. Als sie in die Praxis eintraten, habe ich zu
ihnen gesagt: »Ihr habt lange genug studiert und gelernt, um
euer Handwerk zu verstehen. Ich rede euch in nichts drein,
wenn ihr etwas wissen wollt, dann fragt.« Es hat mich weder
verwundert noch geschmerzt, daß sie mir bei den Patienten,
die ich jahre-, jahrzehntelang betreut hatte, schon nach kurzer Zeit den Rang abgelaufen hatten. Es wäre schlimm für sie,
schlimm auch für mich gewesen, wäre es umgekehrt gewesen
und die Leute hätten immer noch zum »Alten« gewollt. Als
mein zweiter Sohn in die Praxis eintrat, fragte ich die beiden:
»Soll ich jetzt aufhören? Dann sagt es mir nur ruhig, ich bin

nicht beleidigt.« Mein ältester Sohn sagte: »Ach, wenn du wirklich noch Lust hast und es dir nicht zuviel wird, dann wär's uns gerade recht, wenn du noch eine Weile mitmachen würdest.« Das habe ich als ein großes Geschenk empfunden. Mit einer alten Dame unterhielt ich mich einmal darüber, daß ich es so schade finde, daß man heutzutage als alter Mensch gar nicht mehr um Rat gefragt wird. Früher waren die Alten doch noch wenigstens zum Ratgeben gut. Sie sagte darauf: »Vergessen Sie nicht, Ratschläge sind auch Schläge, überhaupt, wenn sie ungebeten erteilt werden. Wenn Sie Ihre Kinder lieben, dann wollen Sie sie doch nicht schlagen, oder?« Das Phänomen, weshalb junge Menschen von alten keine Ratschläge mehr wollen oder erbitten, ist mir bis heute ungeklärt geblieben. Aber ich habe mir zu Herzen genommen, was jene alte Dame gesagt hat.

Drittens: Man muß flexibel bleiben, sich nicht vor notwendigen Veränderungen scheuen. Eine alte Patientin von mir blieb, als ihr Mann gestorben war, allein in ihrem großen Haus zurück. Sie hatte nun immerzu Angst vor Einbrechern. Jede Zeitungsnotiz, in der von einem Raubüberfall bei Alten berichtet wurde, versetzte sie in Panik. Der Vorschlag ihrer Kinder, das Haus aufzugeben und zu ihnen zu ziehen, wurde strikt abgelehnt. »Ich habe mir von jeher vorgenommen, *nie* zu den Kindern zu ziehen«, meinte sie. Der Vorschlag, eine kleine Wohnung in einem Mehrfamilienhaus zu nehmen, wurde auch abgelehnt mit der Begründung: »Und was soll ich mit meinem Sach' machen? Soll ich vielleicht meine Möbel, die ich ein Leben lang gehegt und gepflegt habe, auf den Sperrmüll tun?«

Die Kinder suchten ein schönes Altersheim aus und schlugen ihr vor, da zunächst einmal »probezuwohnen«, bevor man ihren Haushalt auflöse. Als sie sie eingeliefert hatten, saß sie in ihrem Stübchen und weinte bitterlich: »So wird man auf seine alten Tage noch von Haus und Hof vertrieben!« Da nahmen sie sie gleich wieder mit. Als einzigen Ausweg aus dem Dilemma sahen die Kinder, daß einer der Söhne sie abends nach Dienstschluß abholte und sie zum Schlafen mit zu sich nahm und am Morgen wieder bei ihr daheim ablieferte. »Ich komme mir vor wie eine Zigeunerin«, war ihre Reaktion. Zuletzt beschloß der Familienrat, die Frau und die Kinder des einen Sohnes, welcher zu der Zeit gerade im Ausland tätig war, sollten zu ihr ziehen und ihren eigenen Haushalt solange leer stehen lassen. »Wie soll das gutgehen?« dachte er, »fünf lebhafte Kinder bei der fast neunzigjährigen Großmutter? Man kann doch nicht den ganzen Tag sagen: ›Pst, pst, nicht so laut, denkt an die Oma!‹«

Schließlich brachte der Tod die Lösung des Problems: Sie fiel hin, brach sich den Schenkelhals und starb wenige Tage später im Krankenhaus. Die ganze Familie atmete auf. Ich meine, man sollte so sterben, daß alle noch ein bißchen um einen heulen!

Viertens: Man muß sich rechtzeitig von seinem Besitz trennen. »Es ist besser, mit der warmen, als mit der kalten Hand zu geben«, heißt es. Ich kenne viele Leute, die mit ihren Kindern eng zusammengepfercht in einer kleinen Wohnung hausen. Wenn dann die Großeltern sterben und ihnen ein Erbe hinterlassen, fangen sie an zu bauen. Aber dann sind die Kinder meist schon groß und gehen nacheinander aus dem Haus. Sie bleiben allein in dem Haus zurück, das jetzt viel zu groß für sie ist. Umgekehrt ist es viel logischer. Wir haben unseren Söhnen zu familiengerechten Häusern mitgeholfen, und als ich keinen Nachtdienst mehr zu machen brauchte, also keine Notwendigkeit mehr für mich bestand, in dem unruhigen Doktorhaus zu wohnen, zogen wir um in eine kleine Wohnung, gerade recht für uns zwei. Für die vielen Möbel, die wir nicht mehr brauchten, fanden sich genug Liebhaber. Wir brauchten nichts auf den Sperrmüll zu tun. Viele Leute haben uns gefragt: »Fällt es Ihnen nicht schwer, aus dem großen Haus auszuziehen, in dem Sie so viele Jahre gewohnt haben?« »Nein, im Gegenteil, wir kommen uns jetzt vor wie im Urlaub; nach Dienstschluß kein Telefon, keine Haustürklingel, kein Patientenbesuch mehr!«

Es ist schön, noch ein bißchen mitzuarbeiten, damit es nicht zu langweilig wird, aber die Verantwortung an andere abgeben zu können.

Fünftens: Als alter Mensch muß man an den Tod denken, nicht als an eine Katastrophe, die um jeden Preis hinausgeschoben werden muß, sondern als eine natürliche, selbstverständliche Folge eines langen Lebens. Abends, wenn ich im Bett liege, sage ich: »Lieber Gott, Du kannst mich jederzeit abholen, von mir aus heute nacht. Nur eine Bitte habe ich: Laß es schnell gehen und erspare mir ein langes Siechtum.«

Von vielen meiner alten Patienten höre ich: »Ach, es ist nicht mehr schön, zu leben! Wenn ich doch sterben könnte!« Ja, manche fragen mich sogar allen Ernstes: »Können Sie mir nicht eine Spritze geben, damit es aus ist?« Und dabei lassen sie sich fortwährend Arzneien verschreiben, die das Leben verlängern. Da liegt es mir dann immer auf der Zunge, zu sagen: »Wenn Sie so gern sterben, warum schlucken Sie denn dann die viele Arznei?« Ich habe fast zwei Jahrzehnte in Entwicklungsländern gelebt und gearbeitet. Bei primitiven Völkern, gleichviel ob Christen, Animisten oder Angehörige anderer Religionen, ist die Einstellung zum Tod viel natürlicher als bei uns. Die ganze Familie, Enkel und Urenkel eingeschlossen, sitzt am Bett, wenn ein alter Mensch stirbt. Bei uns möchten viele einen alten Menschen am liebsten zum Sterben ins Krankenhaus schicken. Die Krankenhausärzte wiederum setzen alles daran, den Patienten lebend nach Hause zu bekommen.

Uns Ärzten wird oft vorgeworfen, Leben unnötig zu verlängern. Aber kann man einem Arzt zumuten, zu sagen: »Da mache ich nichts mehr, den lasse ich sterben?« Nein, die Bereitschaft zu sterben muß vom alten Menschen selber ausgehen. Wir Alten sind es, die sich auf den Tod einstellen und bereit sein müssen. Das ist ein Prozeß, mit dem man gar nicht früh genug anfangen kann, um so mehr, wenn man ein Leiden hat, für das es keine Heilung gibt und das einem nur Qualen bereitet.

Mich hat es oft beeindruckt, wenn ein Mensch gelassen in eine bessere Welt hinübergegangen ist. Als mein Vater mit 87 Jahren zum Sterben kam, fragte ich ihn: »Ist es schlimm, sterben zu müssen?« »Überhaupt nicht«, meinte er, »es ist doch das Natürlichste von der Welt, wenn ein alter Mensch stirbt. Und ich gehe ja dahin, wohin zu kommen ich immer geglaubt habe. Wir haben schon so oft Abschied voneinander genommen; jetzt nehmen wir für zwanzig oder dreißig Jahre Abschied, was ist das schon im Blick auf eine Ewigkeit?« Damals habe ich mir gedacht: »So möchte ich auch einmal sterben!« Und ich habe mir vorgenommen, wenn mir je kein schneller Tod beschieden sein sollte, sondern ein langes Siechtum, dann nichts zu tun, um mein Leben zu verlängern. Meiner Frau und meinen beiden Arzt-Söhnen habe ich eingeschärft für diesen Fall: »Schmerzen lindern, ja; Leben verlängern: nein!«

So genieße ich mein Alter bis jetzt noch in vollen Zügen, und ich muß sagen, es ist der schönste Lebensabschnitt für mich. Altsein kann schön sein, wenn man sich richtig darauf vorbereitet!